Alexis de V......

Catalina de Erauso

La Monja Alferez

Le code de la propriété intellectuelle du 1er juillet 1992 interdit en effet expressément la photocopie à usage collectif sans autorisation des ayants droit. Or, cette pratique s'est généralisée dans les établissements d'enseignement supérieur, provoquant une baisse brutale des achats de livres et de revues, au point que la possibilité même pour les auteurs de créer des œuvres nouvelles et de les faire éditer correctement est aujourd'hui menacée. En application de la loi du 11 mars 1957, il est interdit de reproduire intégralement ou partiellement le présent ouvrage, sur quelque support que ce soit, sans autorisation de l'Éditeur ou du Centre Français d'Exploitation du Droit de Copie , 20, rue Grands Augustins, 75006 Paris.

ISBN : 978-1979189422

10 9 8 7 6 5 4 3 2 1

Alexis de Valon

Catalina de Erauso

La Monja Alferez

Table de Matières

Section I.	6
Section II.	11
Section III.	19
Section IV.	31
Section V.	41
Section VI.	58

Section I.

En 1592, un honnête hidalgo de Saint-Sébastien, nommé Miguel de Erauso, vieux militaire qui avait beaucoup d'enfants et peu de revenus, se trouva fort désappointé, un beau matin, quand on lui vint apprendre que le ciel lui avait envoyé, pendant la nuit, une quatrième fille. Avant calculé, tout compte fait, qu'il n'aurait jamais de dot à lui donner, il se décida à confier à Dieu la petite Catalina. En conséquence, il appela la nourrice, enveloppa l'enfant dans un coin de son manteau et la porta au couvent dont sa belle-sœur, doña Ursula, était abbesse, Pour faire une bonne dominicaine, c'était certes s'y prendre à temps, et la vocation ne pouvait manquer à cette enfant bercée en quelque sorte dans le sanctuaire. La vocation fit défaut cependant, et jamais l'éducation du cloître ne forma pareille nonne.

Après avoir été la plus insupportable enfant, Catalina devint la plus insoumise des novices. À quinze ans, à cet âge où, sur le front des jeunes filles, la candeur de l'enfance se confond avec la grâce divine de la femme, elle n'avait, pour ainsi dire, rien de féminin dans le caractère ni dans le visage. Cette rougeur modeste, cet embarras charmant de la jeune fille à qui se révèlent le sentiment de sa beauté et l'instinct secret de sa puissance, lui manquaient complètement. Elle était altière et violente ; tout devait lui céder, et tant de résolution étincelait dans son œil noir, que l'on ne savait guère que penser au couvent de cette étrange novice. On eût dit d'un faucon élevé par mégarde dans un nid de tourterelles. Toutes les saintes recluses ne prenaient pas également leur parti du caractère de Catalina. Les religieuses de son âge, habituées dès l'enfance à sa domination, se soumettaient en toute occasion et en tremblant à leur compagne, chez laquelle elles sentaient une volonté supérieure et comme virile ; mais toutes les nonnes n'étaient point des novices. Il y avait au couvent de Saint-Sébastien *el Antiguo* plus d'une de ces vieilles recluses âpres et revêches, aigries par le célibat, dont le visage momifié semble une figure de géométrie recouverte de parchemin, et dont le type, conservé d'âge en âge, se retrouve encore dans tous les couvents, et même ailleurs. Doña Incarnacion de Aliri était la plus raide de ces vieilles filles, qui ont ordinairement en horreur la jeunesse et la beauté ; elle détestait Catalina et avait juré depuis longtemps d'en finir une bonne fois avec l'impertinente novice. Un soir que l'on se rendait au réfectoire, Catalina, en dépit de toute hiérarchie, passa impudemment devant doña Incarnation en la coudoyant ; celle-ci la repoussa avec aigreur, et Catalina, ayant insisté de nouveau, reçut un soufflet retentissant de la plus sèche main de la Péninsule. Son visage se décomposa subitement et prit une expression si terrible, que toutes les religieuses épouvantées se serrèrent autour d'elle, redoutant quelque malheur. Doña Incarnation se sauva ; elle affirma depuis que, dans cet instant, le regard de la jeune fille, brillant comme un glaive, chargé de haine et de férocité comme celui d'une bête sauvage, lui avait révélé en un éclair la destinée sanglante de Catalina.

Cet événement changea tout à coup la vie de la nonne. Quelques heures plus tard, le 18 mars 1607, veille de Saint-Joseph, comme tout le couvent se levait pour aller chanter matines, Catalina entra avec les autres religieuses dans la chapelle et s'agenouilla auprès de sa tante. Doña Ursula, presque aussitôt, lui donna la clé de sa cellule et lui commanda d'aller chercher son bréviaire. La novice sortit ; arrivée dans la cellule de l'abbesse, elle ouvrit une armoire et y vit, suspendu à un clou, le trousseau de toutes les clés du couvent. Une idée traversa son esprit : elle laissa la cellule ouverte et revint porter à sa tante la clé et le bréviaire ; mais bientôt, se sentant, disait-elle, indisposée, elle demanda la permission de se retirer ; doña Ursula, qui avait toujours eu pour sa nièce beaucoup d'indulgence, lui dit, en la baisant au front, d'aller se coucher. Catalina ne se fit pas prier ; elle quitta la chapelle, courut à la cellule de sa tante, prit une lumière et ouvrit l'armoire une seconde fois. Elle s'empara d'une paire de ciseaux, d'une aiguille, d'un peloton de fil et de deux réaux, sur huit qui se trouvaient dans la bourse de l'abbesse. C'était de la discrétion, et depuis elle fut bien rarement aussi scrupuleuse. Ces dispositions faites, elle emporta les clés du couvent et sortit, fermant toutes les portes à double tour, jusqu'à la dernière. Une fois dans la rue, qu'elle ne connaissait pas, elle s'arrêta un instant indécise. La nuit était calme et sereine, un profond silence régnait dans la ville ; Catalina n'entendit que le chant lointain et affaibli de ses compagnes. Où irait-elle ? que devenir ? de quel côté se diriger ? Son hésitation, toutefois, ne fut pas longue. Elle jeta au

Section I.

loin la lampe, les clés, respira en frémissant de joie l'air de la liberté, et partit au galop, en bondissant comme un poulain échappé.

À peu de distance de la ville, une épaisse châtaigneraie s'offrit à elle. Après un instant de réflexion, elle se glissa dans le fourré et se cacha de son mieux dans les broussailles. Quand le jour, parut, elle se déshabilla et se mit à découdre, à couper, à métamorphoser ses vêtements. Son jupon de drap bleu fut converti en une paire de haut-de-chausses, elle fit d'un cotillon vert un pourpoint et des guêtres. Quant à son voile, elle le laissa dans le bois avec son scapulaire. Puis, ayant coupé ses cheveux convenablement, elle se figura qu'elle pourrait passer partout pour un joli garçon, sortit de sa cachette au milieu de la nuit, et commença de marcher tout droit devant elle. Le troisième jour, elle arriva de la sorte, toujours à pied, à Vittoria, qui est à vingt lieues de Saint-Sébastien. La malheureuse enfant tombait de lassitude ; elle n'avait depuis sa sortie du couvent, mangé rien autre chose que des herbes ou des baies sauvages qu'elle arrachait sur sa route et mâchait en marchant.

Catalina ne connaissait personne à Vittoria, les deux réaux qui composaient toute sa fortune ne pouvaient la mener loin. N'osant guère entrer dans une auberge, elle acheta un petit pain à un marchand qui passait, s'assit sur une borne et se prit à réfléchir tout en déjeunant. La nécessité, dit-on, est mère de l'industrie, et la faim donne de la mémoire. À force de songer, Catalina vint à se rappeler qu'il devait exister à Vittoria un vieux brave homme nommé don Francisco de Cerralta, professeur de son état et parent éloigné de sa mère. Elle interpella un écolier qui gambadait, ses livres sous le bras, et apprit de lui que don Francisco habitait en effet Vittoria, que sa porte était précisément celle au coin de laquelle elle venait de s'asseoir. Sans être superstitieuse, Catalina vit dans ce hasard le doigt du destin, et frappa vigoureusement à la porte du professeur.

Don Francisco, naïf et candide comme un savant qu'il était, accueillit avec bonté cet écolier à l'air mutin, à l'œil intelligent, qui lui fit une belle histoire sur le désir qu'il avait de s'instruire et qui lui marmotta avec assez d'à-propos deux ou trois mots latins appris au couvent. Eût-il vu cent fois sa nièce la religieuse, le vieux professeur ne se serait jamais avisé de la reconnaître dans ce vagabond à l'accoutrement bizarre, et il entreprit de s'assurer si l'étoffe d'un grand homme ne se trouvait pas dans cet enfant courageux et abandonné. Catalina manifestait du goût pour le latin, on lui mit un rudiment entre les mains ; la voilà déclinant les substantifs et conjuguant les verbes. Elle n'en était pas aux *irréguliers* que l'ennui la prit ; était-ce donc pour tendre la main à la férule d'un magister qu'elle avait quitté le couvent ? À la vérité, la table était bonne chez don Francisco, mais ces bouffées d'air tiède qui venaient soulever les papiers sur sa table de travail étaient imprégnées de je ne sais quel parfum de liberté qui faisait délirer sa jeune tête. Elle songeait aux grandes routes, aux beaux arbres qui se balançaient sur la croupe des montagnes ; elle y songea si bien qu'un matin, don Francisco étant sorti, elle prit sur sa cheminée une poignée de réaux, se disant que cet argent après tout ne sortait pas de la famille, et quitta lestement la maison. Aux portes de la ville, elle trouva un *arriero* (muletier) qui, moyennant un *douro*, la chargea sur une de ses mules. Cet homme faisait route pour Valladolid ; notre écolière y arriva bientôt avec lui.

Le roi était alors à Valladolid avec toute la cour. Une foule de soldats, de chevaux, de carrosses, encombraient les rues ; à la vue de ce spectacle si nouveau pour elle, Catalina perdit la tête ; elle se mit à errer dans la ville. Une troupe de musiciens exécutait sur la grande place une marche guerrière ; la novice déguisée, saisie d'admiration ; se mêla, pour mieux entendre, à une bande de ces enfants désœuvrés dont la plus chère occupation, en tout pays, est d'escorter les tambours et les clairons. Quiconque a voyagé en Espagne sait que les gamins péninsulaires ont souvent d'étranges toilettes ; mais le costume de Catalina, notamment ce pourpoint vert taillé dans un cotillon et cousu au milieu des bois, dépassait toute mesure en fait d'originalité, et la troupe joyeuse abandonna bientôt les musiciens pour huer ce compagnon inconnu. Aux cris les injures succédèrent, et la boue suivit les quolibets. Catalina commença de jouer des pieds et des poings avec autant de prestesse que de vigueur ; puis, se voyant serrée de trop près, elle ramassa des pierres et entama une lutte plus périlleuse. Un des enfants, plus hardi que les autres, voulut la désarmer ; il s'en trouva mal, car, frappé à la tête par un caillou tranchant, il tomba l'œil crevé, la figure en sang. Ses compagnons prirent la fuite, les passants accoururent, et avec eux deux alguazils qui apprirent à la délinquante le chemin de la prison.

Section I.

Les aventures de la novice allaient se terminer très prosaïquement, si le sort ne fût venu à son aide. Un seigneur de la cour logeait sur la place, et de sa fenêtre il avait été témoin du combat. Frappé du courage de Catalina, de sa bonne mine, de son habit singulier, il descendit en toute hâte, courut après les alguazils, leur expliqua l'affaire en deux mots, et sur son ordre, la prisonnière fut relâchée. Catalina suivit son libérateur ; tout en examinant son chapeau à plumes, son pourpoint brodé, sa longue rapière, elle réfléchit que ce pouvait bien être le roi lui-même. C'était seulement don Carlos de Arellano, de l'ordre de Saint-Jacques, riche et galant gentilhomme qui, dès le jour même, prit à son service Catalina en qualité de page. Le lendemain, se voyant équipée de la tête aux pieds, vêtue de velours comme un prince, un poignard doré à la ceinture ; la nièce de doña Ursula sentit en elle une puissance invincible ; elle se crut appelée à de grandes aventures et entrevit son destin.

Un mois s'était à peine écoulé qu'un événement bizarre vint donner raison à ces pressentiments. Catalina était un soir de service dans l'antichambre de son nouveau maître avec un autre page, et par bonheur le jour baissait déjà, quand un vieux militaire se présenta, demandant à voir don Carlos. Aux premières paroles que proféra cet étranger, Catalina sentit un frisson parcourir tous ses membres : le visiteur, dont elle avait reconnu la voix, c'était son père, Miguel de Erauso. Le premier mouvement de Catalina fut de fuir ; puis, se ravisant, elle comprit qu'il fallait payer d'audace. En conséquence, elle répondit avec assurance que don Carlos était chez lui, et qu'elle allait demander si son bon plaisir était de le recevoir. Quand elle revint avec une réponse affirmative, Miguel de Erauso regarda fixement sa fille déguisée ; ce coup d'œil ne confirma pas sans doute ses soupçons, car il monta chez don Carlos, suivi du page, qui se sentait défaillir malgré son impudence. Le señor de Arellano parut au haut de l'escalier, et, embrassant cordialement le vieux Miguel, il lui demanda à quoi il devait le plaisir de le voir. Le vétéran raconta, les larmes aux yeux, l'évasion scandaleuse de sa fille, et Catalina comprit que don Carlos était le plus puissant protecteur du couvent de Saint-Sébastien, qui avait été fondé par sa famille. Jugeant inutile d'en entendre davantage sentant son cœur tourner au souvenir du regard paternel, elle monta dans sa chambre quatre à quatre, fit en deux tours de main 1 paquet de ses hardes, de sa bourse, qui renfermait huit doublons et, sans attendre la fin de la conversation de son maître, elle se sauva dans l'écurie d'une auberge, où elle se blottit dans la paille. Deux muletiers couchés comme elle dans la litière causaient ensemble à voix basse. Catalina prêta l'oreille et apprit que ses deux compagnons partaient le lendemain pour San-Lucar, en Andalousie, d'où l'escadre de Fernandez de Cordova devait mettre à la voile, le mois suivant, pour l'Amérique. À l'aube, elle se glissa hors de l'écurie et alla attendre sur la route la caravane des *arrieros*. Là elle fit prix avec eux et partit gaiement pour San-Lucar. Elle y arriva quinze jours après. L'escadre était en partance ; on cherchait de tous côtés des jeunes gens pour compléter les équipages. Catalina, que l'image de son père poursuivait encore, avait résolu de mettre l'Atlantique entre elle et sa famille ; elle se présenta donc devant Estevan Eguino, commandant de l'un des navires, et prit du service à son bord en qualité de mousse. Dans la nuit, une fraîche brise s'étant levée, on largua les voiles, et le lendemain au point du jour, l'escadre avait disparu ; elle emportait notre héroïne et sa fortune.

Section II.

Avant d'aller plus loin, il est bon d'avertir le lecteur que ceci n'est point un conte. Catalina a existé telle que je la représente ; bien plus, elle a pris soin d'écrire elle-même ses mémoires, et je refais son histoire sur ses propres notes, rédigées en vieux castillan.[1] On connaîtra plus tard les pièces sur lesquelles s'appuie cette bizarre narration.

Voilà donc cette aventurière de seize ans, à l'œil hardi, à la taille svelte, Espagnole par-dessus le marché, métamorphosée en marin et vivant au milieu de deux cents matelots. La situation était délicate, on en conviendra, et l'on a vu de plus sages novices succomber dans de moindres périls. Catalina ne songea même pas aux dangers sans nombre qui l'environnaient. En adoptant l'habit de l'homme, elle avait pour ainsi dire dépouillé son sexe. Rien de féminin n'apparaît dans la vie de cette femme extraordinaire ; son rôle s'était incarné en elle ; le souvenir de sa condition réelle ne se présente en aucune occasion à son esprit. Écolier insoumis chez le

[1] *Historia de la Monja alferez, doña Catalina de Erauso, escrita por ella misma.*

vieux professeur, page effronté chez don Carlos, elle devint à bord le mousse le plus intrépide de l'équipage, et pas un matelot n'eut le bonheur de deviner Catalina sous le costume goudronné de Francisco (c'était pour le moment son nom de guerre). Après une longue et périlleuse navigation, on arriva près des côtes du Pérou. Le navire d'Estevan Eguino fut expédié au petit port de Païta, situé par le 5° degré sud à deux cents lieues de Lima. Une catastrophe terrible allait soumettre à de nouvelles épreuves le courage de Catalina. Dans une nuit sombre et orageuse, le navire donna sur un rocher, s'entr'ouvrit, et, une large voie d'eau s'étant déclarée, il disparut à demi sous les lames. L'équipage arma la grande chaloupe malgré les supplications du capitaine, et abandonna tout à la fois le navire dont il jugeait la situation désespérée et le vieux commandant qui refusait de Je quitter. Catalina, dans un moment d'héroïsme ou de bonne inspiration, resta seule fidèle à son devoir et à son maître. Bien lui en prit, car un quart d'heure plus tard elle put voir, à la lueur des éclairs, la chaloupe, entraînée sur des récifs, se briser et périr avec tous les déserteurs.

Au point du jour, les vents tombèrent, et la mer se calma. Le navire échoué restait encore suspendu comme par miracle entre deux écueils, d'horribles craquements se faisaient entendre, il menaçait à tout instant de s'engloutir. Catalina comprit qu'il n'y avait pas un moment à perdre ; aidée du vieux capitaine, elle rassembla quelques débris épars, les lia fortement avec des amarres, et en forma une sorte de faisceau. Son sang-froid ne l'avait pas abandonnée, elle se souvint en ce moment suprême que sans argent on ne va pas loin sur les grandes routes de ce monde. Elle s'arma d'une hache pénétra dans la chambre à demi inondée, enfonça un coffre qu'elle connaissait à merveille, y prit cent écus d'or et les roula dans un lambeau de toile qu'elle vint amarrer à tout hasard, aux pièces de bois qu'elle avait préparées. Puis elle jeta le tout dans la mer et s'y jeta elle-même, invitant don Estevan à la suivre. Le vieux capitaine, voulant l'imiter, se brisa la tête contre le bordage ; Catalina, plus heureuse, empoigna son radeau fragile, s'y cramponna de toute sa force et se laissa dériver à la grâce de Dieu. La terre était voisine, et le vent la jeta inanimée sur une plage sablonneuse.

Combien de temps resta-t-elle sans mouvement et sans vie, elle n'en sut rien. Une douce sensation de chaleur qui l'enveloppait comme un manteau soyeux et faisait courir le sang dans ses membres engourdis vint la ranimer. Elle ouvrit les yeux et regarda autour d'elle. La plage semblait déserte, un soleil splendide versait des flots de lumière sur un paysage silencieux. La mer était calme, quelques débris épars sur la côte rappelaient seuls ses récentes colères. Catalina regarda dans la direction des rochers où avait péri le *Habanero* ; rien ne restait de ce beau navire. Ainsi les liens qui pouvaient la rattacher à l'Europe, les soupçons qui avaient pu la suivre, tout s'était englouti dans le naufrage. Sa trace était à tout jamais perdue, et, dans ce nouveau monde qu'elle allait adopter pour patrie, elle pouvait mener désormais, sans souvenir du passé, sans souci de personne, l'existence qui lui conviendrait. Mais où était-elle ? qu'allait-elle devenir ? C'était la question. Catalina n'était pas femme à perdre son temps en rêves ou en mélancoliques réflexions. Son premier soin fut de rajuster ses vêtements de matelot que le soleil avait déjà séchés ; elle lissa sur son front ses cheveux noirs ; puis elle détacha de son petit radeau, que la vague avait poussé avec elle, le précieux rouleau de toile, et remplit ses poches de quadruples d'or. Ces préparatifs terminés, Calalina s'aperçut qu'elle mourait de faim.

Après avoir attentivement examiné le pays qui s'offrait à sa vue, n'apercevant rien qui révélât sur ce rivage la présence de l'homme, elle songea qu'en s'enfonçant dans les terres, elle courait grand risque de périr d'inanition ; en suivant la côte, au contraire, elle devait arriver tôt ou tard à Païta, puisque Païta était un port de mer. Restait à savoir s'il fallait marcher au nord ou au sud. Elle opta pour le nord. Ces raisonnements, si spécieux qu'ils fussent, ne la rassasiaient guère, et Païta pouvait être fort loin ; mais le ciel n'avait pas sauvé Catalina du naufrage pour la laisser mourir de misère sur la grève. Elle n'avait pas fait un mille qu'elle aperçut un tonneau, reste du *Habanero*, à demi défoncé sur la plage. Elle le trouva rempli de biscuit un peu avarié, à vrai dire. Tel qu'il était, ce fut un grand régal, et, sa faim assouvie, elle n'oublia pas de faire pour l'avenir une petite provision. S'étant remise en route, elle arriva dans la journée sur les bords d'un ruisseau qui fournit le complément de ce repas de naufragé. Le lendemain, elle marcha vaillamment tout le jour, et, vers le soir, comme elle perdait courage, elle crut apercevoir des maisons dans le lointain. Son

Section II.

instinct l'avait bien servie, c'était Païta.

Avant d'entrer dans la ville, Catalina avait eu le temps de réfléchir qu'ayant en poche des valeurs considérables, elle n'avait que faire de la commisération publique, et qu'il était inutile ou même peu prudent de raconter ses infortunes. Pourquoi chanter misère quand elle était riche et pouvait jouer sans nul doute, dans ce petit coin du monde, un rôle honorable ? En conséquence, elle se fit indiquer la meilleure auberge de Païta, entra délibérément dans cette *locanda*, commanda un excellent souper dont elle avait grand besoin et s'endormit tranquillement. Le lendemain, elle fit venir le plus habile tailleur de la ville, acheta un costume élégant, tel qu'il convenait au fils d'un riche armateur dont elle prit le nom et les allures, et se mit à parcourir les rues, galamment habillée, la tête haute, le chapeau de côté. Le tailleur qui avait opéré cette métamorphose se nommait Urquiza. Négociant plutôt que tailleur, il faisait un commerce lucratif à Païta et à Trujillo, où il avait un second comptoir. Catalina plut à Urquiza. Le négociant découvrit que notre aventurière avait une belle écriture, assez d'arithmétique pour tenir ses livres, une intelligence vive par-dessus le marché, c'est-à-dire toutes les qualités d'un excellent commis, et les commis étaient rares à Païta. Comme il devait partir peu de temps après pour sa maison de Trujillo, il proposa à Domingo (c'était le nouveau nom de Catalina) de s'associer à lui et de diriger en son absence ses affaires de Païta. Domingo accepta. Il reçut de son associé deux esclaves pour le servir, une négresse pour cuisinière, trois écus par jour pour sa dépense, et s'installa dans le magasin après le départ d'Urquiza. Le nouveau commis s'était fait donner des instructions détaillées sur la conduite à tenir, des renseignements précis sur les acquéreurs ordinaires ; il connaissait à merveille les pratiques sûres et celles dont il fallait se méfier. Urquiza avait notamment désigné la señora Beatrix de Cardenas comme une personne distinguée, qu'il aimait fort, en qui il avait toute confiance, et un certain Reyes, cousin de cette dame, comme un assez mauvais drôle qu'il fallait tenir à distance. Doña Béatrix ne manqua pas de venir faire à crédit dans le magasin des emplettes considérables : velours de France, toiles de Hollande, éventails de Chine, dentelles de Castille, tout y passa, si bien que Domingo crut devoir prévenir son maître ; mais celui-ci répondit sur-le-champ que, la señora voudrait-elle emporter la boutique, il faudrait la laisser faire. Tout était donc pour le mieux, et Domingo put regarder son plan de conduite comme tracé.

Une troupe de ces acteurs forains qui exploitent en tous pays, à certaines époques de l'année, la curiosité des villes de province, vint s'établir peu de temps après à Païta. Domingo, qui passait pour un des élégants de la ville, n'eut garde de manquer pareille fête. Un soir qu'il était, comme de coutume, assis tranquillement dans un coin de la salle, ce Reyes, dont il se méfiait, vint se placer devant lui de façon à lui cacher la scène. Domingo le pria poliment de se ranger un peu ; mais le garnement, pour toute réponse, l'envoya au diable, et répliqua brutalement qu'il eût à le laisser tranquille, ou qu'il lui couperait la gorge. C'en était trop, et le faux commis, pâle de colère, se levant tout à coup, dégaina sa dague. Par bonheur, des amis qui se trouvaient là se jetèrent sur lui, l'entourèrent, l'entraînèrent hors du théâtre, lui apprirent que Reyes avait longtemps convoité la place de commis qu'il occupait, et lui dirent de pardonner quelque chose à l'amour-propre blessé. Domingo fit semblant de les écouter, mais ce cœur indomptable ne pouvait pardonner une pareille offense ; il était rempli de fiel, et il attendait impatiemment, presque avec délices, l'heure de savourer sa vengeance. Cette heure sonna bientôt. Le lendemain, Reyes vint à passer devant le magasin, et, apercevant Domingo au comptoir, il cracha insolemment contre les vitres de la devanture. Aussitôt Catalina s'empara d'une épée de son maître et la ceignit : c'était la première qu'elle eût portée, mais depuis elle ne marcha guère sans une bonne lame à son côté ; elle essaya sur son doigt la pointe de sa dague et courut sur les traces de l'insolent. L'ayant rejoint sur la place, où il se promenait avec un ami, elle l'aborda brusquement :
— Eh ! señor Reyes ! cria-t-elle d'une voix stridente. — Que voulez-vous ? reprit l'autre, étonné de la pâleur du jeune commis.
— Je veux t'apprendre, dit-elle, comment ou coupe la gorge aux gens. — Et, tirant son couteau, elle le lui plongea dans la poitrine jusqu'au manche. Le malheureux tomba, et le vainqueur avait à peine eu le temps de se reconnaître, que deux alguazils survinrent qui le saisirent au collet et l'entraînèrent vers la prison de la ville.

On a déjà pu s'assurer que le désespoir n'avait guère de prise sur le cœur de Catalina. Cependant, quand la colère eut fait place

Section II.

à la réflexion, quand elle eut examiné les murs sombres de son cachot, les verrous de la porte, l'étroit soupirail, elle se prit à songer que la justice était expéditive au Pérou, et que la situation n'était pas précisément rassurante. Que faire ? On ne sortait pas de là comme du couvent de Saint-Sébastien, et le bout de corde qui pouvait fort bien l'attendre était autre chose que la diète qui punissait autrefois les espiègleries de la nonne. Dans un moment d'exaspération, elle croisa avec fureur ses bras sur sa poitrine. Or, il arriva que, dans ce mouvement, sa main droite rencontra quelque chose de dur sous son pourpoint ; c'était un portefeuille qu'elle portait ordinairement sur elle. Une idée illumina son esprit comme un éclair. Ce portefeuille renfermait un crayon et du papier ; elle pouvait écrire… mais à qui ? Urquiza était à Trujillo : comment lui faire parvenir une lettre ? Elle songea à la señora Béatrix, laquelle devait sûrement tenir plus à son maître, dont elle était, à ce qu'elle soupçonnait, la *querida*, qu'à son garnement de cousin, qui valait à peine un coup d'épée ; d'ailleurs elle n'avait pas le choix. Elle écrivit donc à doña Béatrix de Cardenas et lui conta sa mésaventure. Quand le geôlier vint apporter, un maigre repas, elle lui donna la lettre, l'assurant que trois pièces d'or lui seraient comptées, si ce chiffon parvenait à son adresse. Cela fait, elle attendit ; elle attendit huit jours qui lui parurent une éternité. Au bout de ce temps, le geôlier lui dit brusquement que Urquiza était revenu de Trujillo, et que le señor Domingo aurait bientôt de ses nouvelles. En effet, le soir, la lourde porte s'ouvrit de nouveau, et une femme voilée entra mystérieusement dans le cachot. C'était doña Béatrix. Catalina vit en elle un ange libérateur, elle se jeta avec ardeur aux genoux de la señora. Celle-ci releva avec bonté le jeune Domingo et le fit asseoir à côté d'elle sur son grabat. Elle lui apprit alors qu'Urquiza, mandé par elle, avait obtenu du corrégidor, qui était de ses amis, l'autorisation d'arriver jusqu'à lui ; mais la situation était grave, car Reyes était mort, et sa famille avait juré de le venger. Il fallait donc s'évader à tout prix et bien vite, elle lui en apportait les moyens, car, ajouta-t-elle en souriant, elle ne voulait pas laisser mourir sur la potence un aussi joli garçon. À ces mots, Domingo regarda son interlocutrice et s'aperçut qu'elle avait des dents charmantes, des yeux en amande, de beaux cheveux noirs, une taille d'Andalouse et vingt-cinq ans à peine. Les moyens d'évasion qu'apportait doña

Béatrix étaient déjà vieux à cette époque, déjà sans doute usés au théâtre ; pourtant ils réussissaient encore, comme ils réussissent aujourd'hui, comme ils réussiront toujours tant qu'il y aura de l'or monnayé et des geôliers avides. Béatrix apportait à Domingo une robe et une mantille. Le prisonnier, métamorphosé en femme, devait sortir de la prison, jouant le rôle de la visiteuse, qui restait au cachot. Ému de cette proposition inattendue, ne sachant trop que répondre, Domingo serra dans ses petites mains les mains de la jolie señora et les porta lentement à ses lèvres. Loin de faire la moindre résistance, les blanches mains se pressèrent d'elles-mêmes sur une bouche timide, et l'une d'elles, s'égarant, entoura le cou du captif, qui, enivré d'un voluptueux parfum, sentit son front s'empourprer sous un long baiser. Catalina, éperdue, se releva brusquement, ses yeux effarés rencontrèrent le regard étincelant et surpris de doña Béatrix. Heureusement pour le prisonnier, l'inexpérience a parfois son charme, et la señora connaissait les privilèges de l'extrême jeunesse ; heureusement aussi le geôlier vint frapper à la porte. Il fallait se hâter : Domingo, ayant bien vite revêtu son déguisement, sortit fort troublé du cachot et se rendit chez Urquiza, se demandant comment finirait cette aventure.

Le négociant embrassa son commis avec effusion : c'était un grand' bonheur pour lui, assura-t-il, de le revoir sain et sauf ; mais l'affaire, quoique assoupie, était loin d'être terminée. Avant tout, il fallait quitter sa maison et chercher une retraite plus sûre. Il avait tout préparé, les hardes du jeune homme étaient déposées dans un lieu caché où il allait le conduire lui-même. Sans plus attendre, il prit Domingo par le bras et l'entraîna par des rues détournées vers une petite maison isolée située à l'entrée de la ville. Une cameriste accorte et fort jolie, qui semblait attendre les visiteurs nocturnes, ouvrit au premier coup frappé. Jetant sur Domingo un regard curieux, elle précéda les deux arrivants dans un élégant salon, vivement éclairé, où se voyaient les apprêts d'un souper. Domingo observa qu'on avait mis trois couverts. Il regarda la cameriste à son tour, et celle-ci lui adressa un sourire d'intelligence qu'il ne put s'expliquer. Quand ils furent seuls, Urquiza apprit à son ami ce qui s'était passé. Le corrégidor, excité par les parents implacables de Reyes, avait refusé longtemps, lui dit-il, d'entendre raison. Pour en venir à bout, Urquiza avait dû faire un officieux mensonge. Il avait

Section II.

assuré que Domingo et doña Beatrix étaient mariés secrètement. Cette assertion aplanissait toutes les difficultés, car, Béatrix étant cousine de Reyes, la mort de celui-ci, au lieu d'être un meurtre qui demandait vengeance, devenait un petit drame de famille que l'on avait tout intérêt à étouffer. Le corrégidor, sur cette affirmation, avait consenti à un élargissement qui avait toutes les apparences d'une évasion. Il ne restait plus qu'une formalité à accomplir, c'était d'épouser en effet doña Béatrix, qui n'avait pas craint de se compromettre si ouvertement pour le sauver. — Au reste, ajouta Urquiza, elle a du goût pour vous plus que je ne puis vous le dire. Voyez la bonne fortune ; on vous donne avec la liberté la plus jolie femme de Païta !

Domingo regarda le négociant avec stupeur. Sous cette complication inattendue, il devina facilement un complot. Béatrix était, à n'en pouvoir douter, la maîtresse d'Urquiza ; sa réputation était fort équivoque. En la faisant épouser à Domingo, le rusé négociant rendait à la belle une position honorable sans qu'il lui en coûtât rien, et la gardait pour son plaisir en conservant le commis pour ses affaires. La spéculation n'était pas maladroite. Domingo, tout en devinant cette intrigue, comprit qu'il fallait gagner du temps et hasarda quelques observations. Il était, dit-il, un méchant parti pour une aussi belle dame ; c'était mal récompenser sa générosité que de lui faire don de sa misère. Cette formalité du mariage était-elle d'ailleurs indispensable ? Ne pouvait-on pas se borner à affirmer que le mariage avait eu lieu, se retrancher derrière cet innocent mensonge ? Urquiza trouva ces scrupules très louables.
— Mais, répliqua-t-il, comment faire croire à la famille irritée une pareille histoire sans lui montrer les actes officiels ? et l'amour de doña Béatrix, fallait-il le compter pour rien ? Sa démarche si généreuse ne la perdrait-elle pas à tout jamais, si elle n'était justifiée par un amour permis ? Enfin, la maison qui servait d'asile à Domingo était celle de cette belle personne ; que dirait le monde, que dirait le corrégidor lui-même, en apprenant le séjour forcé qu'allait y faire le meurtrier de Reyes ? À ces raisons judicieuses il n'y avait rien à répondre, et Domingo, en apparence convaincu, mais en réalité ne sachant que faire, remercia son ami du bonheur qu'il allait lui devoir.

En ce moment, la porte s'ouvrit, et Béatrix entra. Une vive émotion brillait dans ses yeux et colorait son visage ; elle était charmante ainsi. Son regard caressa tendrement Domingo, lorsqu'il vint lui baiser la main. On causa de l'évasion, on soupa ; devant la jeune veuve (car doña Béatrix était veuve), il ne fut plus question de mariage, comme on pense. Domingo cependant regardait avec anxiété autour de lui. Il examinait à la dérobée la porte, les fenêtres, car les choses allaient vite, et c'était le moment ou jamais d'invoquer son génie. On attribua, en plaisantant, sa préoccupation à la peur des alguazils, et, comme il devait avoir besoin de repos, on lui proposa de se retirer dans une chambre secrète cachée sous l'escalier, où nul ne pourrait le découvrir. Domingo accepta, et descendit précédé du négociant, qui portait une lumière, et de la señora, qui lui montrait le chemin. Sa première pensée fut de fuir ; mais Urquiza était alerte, vigoureux ; le laisserait-il courir ? Un cri d'ailleurs pouvait attirer du monde, et, s'il manquait son coup, c'était fait de lui. On arriva à l'entrée de la chambre mystérieuse. Catalina tremblait d'émotion et d'incertitude. Le négociant passa le premier ; la lampe qu'il portait éclaira une petite chambre sans fenêtre, sans autre ouverture que la lourde porte. Catalina se dit qu'elle était perdue si elle entrait, et son instinct lui inspira une de ces résolutions soudaines qui l'avaient tirée d'affaire plus d'une fois. Au moment où doña Béatrix lui offrait la main pour l'aider à descendre deux marches difficiles, le faux commis saisit vigoureusement par la taille la señora surprise et la poussa violemment sur le señor Urquiza. Tirant alors la porte, il fit tourner deux fois la clé dans la serrure, l'arracha à la hâte, s'élança dans la rue et courut vers le port. Arrivé là, il détacha une barque, la poussa au large, et se mit à ramer avec toute l'adresse d'un matelot qui a doublé le cap Horn. Quand elle eut fait un mille, Catalina reprit haleine et regarda la haute mer. Les flots étaient calmes, les étoiles brillaient au ciel, une folle brise de terre poussait son canot au large, Elle le laissa dériver et s'abandonna, comme une plume, au souffle de la destinée.

Section III.

Après avoir, au clair des étoiles, sondé du regard la route qu'elle venait de suivre, après avoir écouté avec angoisse si aucun bruit de rames ne se mêlait au murmure du vent et des flots, Catalina, brisée de fatigue, se coucha dans son canot et s'endormit. Quand elle rouvrit les yeux, le soleil était levé depuis plusieurs heures. Poussée par la brise, entraînée sans doute par quelque courant, la barque avait fait du chemin pendant la nuit. On n'apercevait plus la terre, et la fugitive se trouva perdue, sans vivres, sans boussole, au milieu de l'Océan. Ramer sans savoir où aller, c'était prendre une peine inutile ; elle résolut donc d'attendre la fortune et se croisa les bras. Vers le soir, Catalina, dont les regards interrogeaient en vain depuis longtemps tous les points de l'horizon, crut apercevoir une voile. Elle reprit alors ses avirons et courut de toutes ses forces vers cette espérance lointaine, que l'ombre menaçante de la nuit pouvait lui ravir. Par bonheur, le navire entrevu cinglait dans sa direction ; elle put s'en rapprocher assez rapidement. Quand elle fut à bout d'haleine, elle attacha son mouchoir à son aviron et se mit à faire des signaux de détresse. Après quelques minutes d'anxiété, elle eut l'inexprimable joie de voir le navire serrer au plus près et venir droit sur elle. On l'avait aperçue ! Alors la prudence s'éveilla dans l'esprit de cette étrange fille, et ne sachant à qui elle allait avoir affaire, ni d'où venait ce bâtiment, elle songea à préparer son entrée. Son plan fut bientôt arrêté. L'obscurité croissante de la nuit pouvant déjà dérober sa manœuvre à la vue des survenants, elle appuya vigoureusement le pied sur le bord de son canot, et lui imprima en trois secousses un si rude balancement, qu'il chavira. Arès avoir plongé, elle revint sur l'eau, s'accrocha à l'embarcation, se hissa, et parvint à se placer à califourchon sur la quille, puis elle attendit. Catalina avait adopté à tout hasard le rôle de naufragé, elle fut recueillie, en cette qualité, sur le bâtiment avec toute la commisération imaginable.

Ce navire était un galion espagnol. Il arrivait de Panama et faisait voile pour la Conception, où il portait un renfort de troupes considérable destiné à une expédition contre les Indiens du Chili. Catalina n'avait pas à choisir ; ce qu'elle fit, on le devine. Trahie par la fortune, elle prit le mousquet et fut incorporée comme volontaire dans la compagnie de Gonzalo Rodriguez, sous le nom de Pietro Diaz de Saint-Sébastien. Pourquoi Catalina, contre son habitude, désigna-t-elle cette fois sans mentir le lieu de sa naissance ? Cela ne s'explique guère. Était-ce le hasard qui lui soufflait ces inspirations singulières ? Le hasard, a dit quelqu'un, c'est peut-être le pseudonyme de Dieu, quand il ne veut pas signer.

On attendait avec une grande impatience à la Conception le galion espagnol et les troupes qu'il apportait. À peine fut-il signalé, qu'un élégant canot sortit du port et vint l'accoster en rade. Debout à l'arrière de l'embarcation, un officier, richement vêtu et portant fièrement son feutre ombragé d'une plume blanche, donnait des ordres d'une voix brève et impérieuse. Le nom et la dignité de cet officier, bien connus de l'équipage du galion, volèrent bientôt de bouche en bouche ; c'était le señor Miguel de Erauso, secrétaire du gouverneur-général. Miguel de Erauso ! quand ce nom arriva à l'oreille de Catalina, elle bondit comme si elle eût été poussée par un ressort et s'élança dans les bastingages pour voir à son aise l'officier qui montait à bord. Miguel de Erauso était son frère. Elle ne le connaissait pas et ne l'avait jamais vu, car il avait passé en Amérique quand elle comptait deux ans à peine ; mais elle savait qu'il existait, tout en ignorant son grade et sa résidence. Le secrétaire du gouverneur fit mettre les troupes sous les armes, et, une liste à la main, commença l'appel, examinant chaque homme tour à tour. Quand il arriva au nom de Pietro Diaz de Saint-Sébastien, il s'approcha avec intérêt du jeune soldat, lui dit en langue basque qu'ils étaient compatriotes, lui demanda s'il connaissait sa famille, et, sur sa réponse affirmative, le questionna longuement sur son père, sa mère, sur sa petite sœur Catalina. À toutes ces questions si embarrassantes, Pietro répondit sans se troubler, et il charma le capitaine Miguel par la vivacité de son esprit. Enchanté de son jeune compatriote, le señor de Erauso demanda et obtint du gouverneur, quand les troupes furent débarquées, la permission de garder Diaz auprès de lui.

Ce fut sous les ordres de son frère que Catalina apprit, avec une effrayante dissimulation et sans jamais se trahir, le rude métier des armes. Pendant près d'une année, elle vécut sous le même toit, mangeant avec lui, ne le quittant guère et prenant part, comme toute la garnison, à un grand nombre d'expéditions contre les Indiens. Au bout de ce temps, le gouverneur adopta un nouveau parti. Voulant en finir avec les ennemis, il rassembla ses troupes éparses et dirigea son armée, forte de cinq mille hommes, vers les plaines de Valdivia. Après beaucoup de marches et de contre-marches dans un pays dévasté, où les soldats manquaient de tout,

Section III.

on atteignit enfin les Indiens et on livra une sanglante bataille. La lutte était vive et encore incertaine, quand une horde d'ennemis, embusquée dans un ravin, se précipita avec fureter sur le bataillon de Catalina ; les soldats se débandèrent, les officiers furent massacrés en partie, et le drapeau fut enlevé. Ravis de ce succès, les Indiens, à la manière des Scythes, battirent en retraite, emportant leur trophée. À cette vue, Catalina, qui s'était réunie à un groupe de soldats résolus, ne put contenir sa fureur. Dans un moment de témérité sublime, digne des plus vaillantes héroïnes, elle enfonça les éperons dans le ventre de son cheval, en criant d'une voix éclatante « Qui aime l'Espagne me suive ! » Deux officiers, à son exemple, coururent sus aux Indiens, qui firent volte-face pour recevoir les trois imprudents agresseurs. Sans s'effrayer, Diaz et ses deux camarades s'élancèrent au milieu des sauvages, frappant à droite et à gauche, d'estoc et de taille, recevant des nuées de flèches sur leurs cuirasses retentissantes, blessant et blessés tour à tour. Bientôt l'un des trois fut tué ; les deux autres chargèrent avec une rage nouvelle. Au moment de reconquérir le drapeau, le second officier tomba mort. Diaz, resté seul, fend la tête au cacique qui emportait le trophée, saisit l'enseigne par la hampe, la brandit comme une lance, fait bondir son cheval dans la mêlée, tue et blesse des deux mains dans cette foule demi-nue, s'ouvre un chemin, et, sans souci des flèches qui l'atteignent, d'une pique traverse son épaule, il revient bride abattue vers les siens, qui couraient à son secours. Diaz fut le héros de cette journée, et nul ne se plaignit quand, le lendemain, Miguel de Erauso demanda pour son compatriote l'enseigne qu'il avait si vaillamment reconquise. Catalina fut nommée *alferez*[1] de la compagnie de Alonso Moreno.

Ce fut en cette qualité qu'elle combattit avec une grande distinction dans plusieurs affaires, notamment à la fameuse bataille de Puren, où, blessée de nouveau, elle lutta corps à corps avec un chef indien célèbre, Quispigancha, qu'elle eut le bonheur de faire prisonnier. Ces hauts faits lui valurent bientôt dans l'armée espagnole un certain renom. Catalina, fière de sa gloire, donna carrière à son ambition et à son arrogance. Vivant au milieu de ces soldats avides et cruels, véritables flibustiers dont l'histoire

---

1 Le grade d'*alferez*, dans l'armée espagnole, correspond aujourd'hui à celui de sous-lieutenant en France ; mais à cette époque l'*alferez était, à ce qu'il semble, enseigne ou cornette*.

a consigné les effroyables excès, notre religieuse ne pouvait manquer, avec le caractère qu'on lui connaît, de perdre bientôt en pareille compagnie toute pensée morale, si toutefois il lui était resté, de son séjour au couvent, quelque pensée de ce genre. Le goût du jeu surtout s'empara bientôt avec violence de cette nature sauvage qui ne connaissait que des passions sans frein. Il n'y eut pas dans le pays un tripot dont Pietro Diaz ne fût l'hôte obligé et le héros redoutable. Enivré de ses premiers succès, jaloux de toute prééminence, il voulait, autour d'une table de jeu, se distinguer autant par son sang-froid ou par ses enjeux extravagants que par sa bravoure les jours de bataille. Ce genre de vie est fécond en catastrophes, et l'*alferez* l'apprit bientôt. Un soir que Pietro venait, comme de coutume, risquer sur un coup de dé tout ce qu'il avait, et plus qu'il n'avait, il vit établi au bout de la table un étranger qui pariait follement, jouait avec impudence et gagnait toujours. C'était un homme de haute taille, à la mine insolente, à la moustache retroussée, un fier-à-bras qui faisait sonner sans cesse son épée et ses éperons. Ce personnage qui arrivait de Lima, lui dit-on, où il était surnommé le *nouveau Cid*, déplut à Diaz au premier coup d'œil. Aucun des assistanst ne voulant lutter davantage contre une veine inépuisable, le matamore se levait lorsque l'*alferez* entra. Il se rassit sur un signe de celui-ci, la partie recommença, et la fortune changea de côté tout à coup. Le monceau de quadruples qu'avait complaisamment érigé devant lui le joueur jusqu'alors invincible se fondit peu à peu et disparut enfin pour se rééditier devant Pietro Diaz. Pâle de colère, le *nouveau Cid* jeta un regard terrible sur l'*alferez*, qui se mit à rire et lui dit : — Qu'a donc perdu votre grâce pour me regarder ainsi ? — L'étranger, sans répondre, jeta sur la table un diamant de grand prix ; il perdit encore. — Me protège l'incarnation du diable ! s'écria-t-il en frappant du poing sur la table. — Qu'a donc perdu votre grâce, répéta l'*alferez*, pour blasphémer ainsi ? — L'étranger se leva, et regardant fixement son adversaire : — J'ai perdu, répliqua-t-il avec fureur, j'ai perdu les cornes de mon père, et je parie !... - Que pariez-vous ? — Je parie ! — Quoi donc, encore une fois ? — Je parie un coup de dague ! — Je le tiens ! s'écria impétueusement Pietro Diaz, et les deux joueurs se rassirent. Les assistants se pressèrent autour de la table et attendirent avec intérêt la fin de cette partie bizarre. —

Section III.

Huit ! cria le *nouveau Cid* en jetant les dés. – Onze ! fit Catalina. — Sept ! — Douze ! reprit l'*alferez*. Señor, j'ai gagné, et, vive Dieu ! vous allez me payer ! En même temps elle dégaina sa dague et son épée. Le Cid l'avait prévenue, déjà il s'était élancé sur son adversaire le poignard à la main. Son pied heureusement heurta une chaise, le coup mal assuré glissa sur le pourpoint, et, entraîné par son élan, il tomba désarmé aux pieds de l'*alferez*. Loin de profiter de sen avantage, Catalina recula d'un pas, et souffletant son adversaire du plat de son épée : — Arrière ! traître, s'écria-t-elle, défends-toi ! Le fier-à-bras se releva confus au milieu des huées des assistants, et se défendit mal, car, à la seconde passe, l'épée de Catalina lui traversa la gorge, et il tomba en vomissant des flots de sang. L'*alferez*, sur le conseil de ses amis, prit la fuite aussitôt et se cacha pendant quelques jours ; mais, comme en définitive il avait été provoqué et qu'il s'était battu loyalement, on ne donna point suite à l'affaire.

Au lieu de modérer la fougue de Catalina, ce duel l'enivra plus encore, et rien ne semblait pouvoir l'arrêter en si beau chemin, quand un épouvantable malheur vint mettre pour quelque temps un terme à ses extravagances. Après la mort du *nouveau Cid*, l'*alferez* Diaz avait jugé prudent de garder la chambre pendant quelques jours, et il s'ennuyait passablement au logis, lorsqu'un soir un de ses amis, Juan de Silva, *alferez* comme lui, vint le trouver et demanda à lui parler en secret. Il était fort pâle et semblait dans une grande agitation. Une heure auparavant, raconta-t-il, il avait eu avec Francisco de Rojas une discussion violente qui avait abouti à une provocation. Ils étaient convenus de se rencontrer cette nuit même, à onze heures, derrière le couvent de Saint-François, et chacun d'eux devait amener un témoin. Le choix d'un ami, dans une circonstance pareille, pour vous assister pendant un combat nocturne qui passerait peut-être pour un assassinat, était chose délicate, et don Juan de Silva, pour son compte, ne connaissait pas un homme au monde, autre que Pietro Diaz, qu'il voulût avoir à ses côtés. Il venait donc demander ce service à son ami. Pietro refusa ; après l'affaire qu'il venait d'avoir, ce n'était guère le moment de braver si ouvertement la justice ; quantité d'officiers étaient là d'ailleurs qui pouvaient l'assister aussi bien, sinon mieux que lui. Don Juan insista, et, comme Pietro tenait bon, il s'éloigna tristement, disant qu'il irait seul au rendez-vous, et que, s'il était tué, Diaz aurait peut-être à se reprocher sa mort. L'*alferez* avait bon cœur ; le cliquetis des épées n'était pas sans charme à son oreille. Tout bien réfléchi, il rappela son ami et accepta. La fatalité le voulait ainsi.

Après avoir dîné ensemble, les deux enseignes prirent leurs épées, leurs manteaux, et, au coup de dix heures, se dirigèrent vers l'endroit désigné. C'était une de ces soirées sombres, étouffantes, qui précèdent ordinairement, dans les pays voisins des tropiques, des ouragans terribles. L'air pesant, à peine respirable, était chargé de cette électricité qui a une si grande influence sur les personnes nerveuses, et l'obscurité si profonde que, marchant côte à côte, les deux amis s'entrevoyaient à peine. Quoique peu sensible en général, comme on peut le croire, aux circonstances atmosphériques, Diaz, soit regret, soit pressentiment, se sentait mal à l'aise. À plusieurs reprises il essaya de faire entendre raison à son camarade, lui démontrant qu'un combat était impossible par une nuit pareille. Tout fut inutile, et l'on arriva sous les murs du couvent. Au bruit de leurs pas, une voix appela tout à coup dans les ténèbres don Juan de Silva. Pietro reconnut la voix de Francisco de Rojas. Les adversaires étaient à leur poste. « C'est moi ! » répondit don Juan. Pour se reconnaître pendant le combat et éviter toute méprise, les deux amis roulèrent à leur bras un mouchoir blanc, après quoi, sans plus de préliminaires, les combattants croisèrent le fer ; les témoins, l'épée à la main, cherchant des yeux à percer les ténèbres, se rapprochèrent de leurs amis sans rien dire. À une pareille heure, les adversaires n'avaient guère à s'inquiéter des lois de l'escrime, et le duel ne pouvait durer longtemps. Il fut en effet très court ; un coup fourré superbe le termina ; comme les deux combattants chancelaient, les deux témoins, dans un mouvement simultané de colère, s'élancèrent l'un sur l'autre. Catalina avait à peine tendu le bras qu'elle sentit son fer engagé, et son adversaire tomba en criant avec douleur : « Ah! traître, tu m'as tué ! » Elle crut voir l'enfer s'entr'ouvrir. Cette voix !... quelle était cette voix ?... « Oh ! Miguel ; est-ce toi ? » En ce moment, un effroyable coup de tonnerre retentit dans l'espace, et un éclair traversa le ciel en l'embrasant. À cette lueur sinistre, Catalina entrevit trois cadavres et reconnut le visage livide de Miguel de Erauso. Elle tomba comme étourdie sur le corps de son frère. En revenant à elle, elle se prit à pousser des

Section III.

cris lamentables ; des religieux du couvent, attirés par cette voix déchirante qui se faisait entendre à travers les premières rafales de l'ouragan, accoururent avec des torches vers le lieu du combat. On transporta les trois blessés au monastère, et Catalina, soutenue par deux frères, suivit en pleurant ce funèbre convoi. Miguel de Erauso était mort ; les deux autres vivaient encore ; ils purent se confesser et recevoir l'absolution. Quant à Catalina, elle s'abîma dans une muette stupeur. À la voir sans parole et sans larmes, on eût dit une pâle statue. Touchés de cette douleur, dont ils ne savaient pas toute l'étendue, les moines prirent en pitié le pauvre meurtrier et le cachèrent dans la chapelle. À cette époque, dans un pays espagnol, c'était un asile inviolable pour la justice elle-même.

Si malheureux que l'on soit, on ne peut cependant pas, à moins d'une grâce spéciale, rester debout pendant quarante ans, comme saint Simon, sur un fût de colonne, ni vivre éternellement dans une église ; c'est ce que les moines, après quelques jours, firent comprendre à l'*alferez*. Celui-ci ne demandait pas mieux que de quitter ces lieux témoins de son crime. Grâce à un frère qui alla de sa part trouver secrètement un de ses amis, Diaz put se procurer un cheval et quelque argent. Les moines lui donnèrent une vieille arquebuse qui composait tout l'arsenal du couvent ; ainsi équipé, il se mit une nuit en route, décidé à s'éloigner pour toujours de ce fatal pays. Aller à droite ou à gauche, au nord ou au sud, cela ne lui importait guère son remords devait le suivre partout comme son ombre. L'*alferez* marcha donc au hasard, à ce qu'il crut ; mais l'instinct de la conservation l'éloignait des sentiers déserts et le poussait vers les bords de l'Océan.

Catalina suivit les côtes pendant trois jours ; au bout de ce temps, son cheval harassé refusant d'avancer, elle résolut de gagner un bouquet d'arbres qu'elle apercevait à peu de distance et où elle espérait trouver pour elle un abri, pour sa monture un peu d'herbe. Elle avait marché de ce côté et elle se disposait à mettre pied à terre, lorsque du fond des taillis une voix retentissante cria : « Qui vive ! — Espagne ! répondit machinalement Catalina. — *Que gente !* ajouta la voix. — *De paz*, répliqua-t-elle. Aussitôt deux hommes déguenillés et barbus, maigres et hâves, sortirent du fourré et s'avancèrent vers la voyageuse. À la vue de ces sacripants, Catalina avait prudemment décroché son arquebuse ; elle la remit en place en les voyant sans armes, et attendit. C'étaient deux déserteurs, comme elle l'apprit bientôt. S'ils sortaient des camps ou des galères, c'est ce que Catalina ne sut jamais très clairement, et il y avait à parier que d'honnêtes gens n'auraient pas choisi par goût une retraite pareille ; mais au désert on n'est pas difficile sur le choix de sa société, celle-là d'ailleurs était obligatoire, et l'aventurière s'en contenta. Moyennant son dernier morceau de pain, qu'elle partagea généreusement, elle se fit des amis de ces deux misérables qui mouraient de faim. Tout en mangeant, la connaissance se fit. Les deux *caballeros*, s'ils n'expliquaient point suffisamment les causes de leur départ, ne cachaient pas du moins le but de leur voyage. Ils allaient à Tucuman, de là ils comptaient gagner ces contrées voisines du fleuve *Dorado*, où, selon l'opinion générale des soldats espagnols de cette époque, les ruisseaux charriaient du sable d'or et des cailloux de diamants. L'entreprise n'était pas petite : il fallait d'abord traverser les cordillères des Andes et plus tard un vaste pays ; mais d'autres avaient fait ce trajet avant eux, pourquoi ne le feraient-ils pas ? S'ils réussissaient, ils seraient largement payés de leurs peines, et, s'ils ne réussissaient pas, ils en seraient quittes pour périr de froid dans les montagnes au lieu de mourir de faim dans la plaine. Ce raisonnement sembla fort judicieux à Catalina ; elle ne tenait guère à la vie d'ailleurs, et ne savait trop où aller ; tout bien réfléchi, elle s'associa aux deux aventuriers. Se dirigeant vers l'est, ils commencèrent le lendemain à gravir les montagnes. Avant de partir, ils avaient eu soin d'amasser dans le bois une provision de racines et de baies sauvages dont ils avaient chargé le cheval de l'*alferez*. Ces ressources ne les menèrent pas loin ; lorsqu'après quelques jours de fatigues de tout genre, ils arrivèrent aux régions où commencent les neiges éternelles, ils se trouvèrent tout à coup sans vivres et sans forces. Le cheval ne pouvait plus se traîner, il glissait à chaque pas et s'abattait sur les pentes glacées. Catalina, qui seule gardait son courage, proposa à ses compagnons de le tuer, de le dépecer et d'en emporter chacun son quartier. La proposition fut acceptée, et le cheval fut mis à mort. Avec des herbes sèches et quelques genêts épineux qu'on découvrit sous un rocher, on alluma du feu ce soir-là ; on grilla sur la braise une tranche du quadrupède, on but un peu de neige fondue, et l'on repartit le lendemain. Le froid augmentait toujours. Les deux malheureux

Section III.

soldats, presque nus, pouvaient à peine se soutenir ; un invincible sommeil s'emparait d'eux, et ils n'avaient plus assez de cœur pour lutter contre cette torpeur funeste qu'il faut vaincre sous peine de mort. Catalina, plus chaudement habillée et plus courageuse, les anima quelque temps par ses paroles et par son exemple ; mais le jour vint où, tombant épuisés l'un et l'autre, ils déclarèrent qu'ils n'iraient pas plus loin et qu'ils préféraient la mort à leur misère. Prières, menaces, instances, tout fut inutile, et Catalina comprit que tout ce qu'elle pouvait faire, c'était de prolonger et d'adoucir leurs derniers moments.

Les voyageurs étaient arrivés à un endroit où s'élèvent comme des vagues sombres, au milieu des neiges, d'énormes blocs de rochers. L'héroïne chercha vainement, à l'abri de ces pierres, quelques-uns de ces buissons qui leur avaient permis parfois d'allumer un petit foyer ; toute végétation avait disparu ; à ces hauteurs, l'homme seul a droit de vivre. Alors, ne sachant que faire ni quel parti prendre, elle imagina, pour mieux s'orienter, de grimper sur un des blocs de pierre d'où son regard embrasserait un horizon plus étendu. Elle se hissa péniblement, atteignit le sommet le plus élevé de ces monticules et jeta les yeux autour d'elle. Tout à coup elle poussa un cri et courut de nouveau vers ses compagnons. Assis et appuyé contre un rocher voisin, un homme lui était apparu ! Quel pouvait être ce voyageur ? C'était un libérateur peut-être, et sans doute il n'était pas seul ! L'annonce de ce secours inattendu rendit du courage aux deux moribonds ; ils se levèrent et suivirent Catalina. Arrivés à vingt pas de l'endroit désigné, ils aperçurent l'étranger, qui n'avait pas bougé de place. Il était assis, à demi caché derrière une pointe de rocher, dans la position d'un tirailleur qui guette ou d'un chasseur à l'affût. — Qui vive ! cria Catalina en soulevant son arquebuse avec effort. L'étranger ne répondit pas, ne bougea pas et ne parut pas avoir entendu. — Qui vive ! répéta Catalina. Cette seconde sommation fut aussi vaine que la première. Les trois voyageurs s'avancèrent lentement, avec précaution, en longeant le rocher, et arrivèrent enfin à deux pas du guetteur silencieux qui leur tournait le dos. – Eh ! l'ami, dit Catalina en lui frappant sur l'épaule, dormez-vous ? — Mais à peine avait-elle prononcé ces mots, qu'elle recula de trois pas en pâlissant d'épouvante. Au toucher de Catalina, l'homme assis avait roulé sur la neige comme une masse inerte. C'était un cadavre gelé, raide comme une statue ; son visage était bleu et sa bouche entr'ouverte par un affreux sourire. L'aventurière et ses compagnons mourants étaient en face d'un de ces phénomènes dont les voyageurs ont plus d'une fois rendu compte et qui se pouvaient constater souvent à l'époque où les trafiquants d'esclaves faisaient passer les nègres de Buenos-Ayres au Pérou par les Cordilières ; des cadavres ont pu, assure-t-on, se conserver ainsi pendant une année entière. Ce terrible spectacle produisit sur les trois déserteurs un effet bien différent : l'un des soldats, le plus malade, dont la vie s'était, pour ainsi dire, rallumée à l'espoir d'un prochain secours, s'affaissa bientôt, tomba, se raidit sur la neige et mourut. Catalina, tout au contraire, et son dernier compagnon puisèrent dans la terreur des forces nouvelles et se remirent en marche, après avoir dépouillé le mort des lambeaux qui pouvaient leur servir de vêtement. D'après leur estime, ils devaient avoir dépassé le sommet des montagnes, et désormais ils allaient descendre, avec une facilité de plus en plus grande, vers un plus doux climat. Ils marchèrent donc, mais le soldat perdit bientôt courage ; ses forces étaient épuisées, le froid figeait le sang dans ses veines. Malgré les instances de Catalina, il voulut s'asseoir pour reprendre haleine. Presque aussitôt sa tête tomba sur sa poitrine, ses yeux se fermèrent, et ses membres se raidirent : il était mort.

Restée seule, l'aventurière se mit à genoux, se prit à pleurer et pria Dieu avec ferveur, sans doute pour la première fois de sa vie. Elle se leva un peu ranimée. Son premier soin fut de retourner les poches de son compagnon ; elle y trouva un briquet dont elle s'empara et huit doublons qu'elle prit également. Le pauvre diable n'en avait plus besoin. Cela fait, elle attacha sur son dos le dernier quartier de cheval, et, se recommandant à saint Joseph, elle continua d'avancer. Vers le soir, elle crut apercevoir un arbre dans le lointain, elle revenait donc vers le pays des vivants ! Elle rassembla tout ce qui restait en elle de force et d'énergie, et marcha si bien, qu'elle atteignit enfin cet arbre de salut ; mais là son courage la trahit, ses jambes tremblantes fléchirent, elle s'étendit sur la terre et tomba dans un état qui participait à la fois de l'évanouissement et du sommeil. Cet engourdissement dura toute la nuit ; quand elle revint à elle, le jour naissait, la température était relativement très douce, et l'air tiède l'étouffait ; elle se sentit mourante de soif, de

Section III.

faim et de lassitude. Son cœur défaillait ; elle tenta vainement de remuer ses membres endoloris, de se traîner sur ses pieds déchirés ; alors le désespoir s'empara d'elle, et, appelant la mort, qui seule pouvait mettre un terme à ses souffrances, elle se coucha sur le sol, comme avaient fait ses compagnons. Cependant son bon génie veillait sur elle, Catalina ne devait pas mourir ainsi. Sa tête avait à peine touché la terre, que la moribonde se releva brusquement : elle avait entendu les pas d'un cheval. Presque aussitôt deux cavaliers parurent.

Les deux inconnus ne furent pas peu surpris en apercevant à l'improviste, dans ce désert, un jeune homme déguenillé et mourant qui, ne pouvant parler, tendait les mains vers eux pour implorer leur pitié. Ils s'arrêtèrent aussitôt ; l'un souleva Catalina dans ses bras, et l'autre baigna ses tempes avec une liqueur spiritueuse dont il lui fit avaler quelques gouttes ; elle se remit par degrés, et, quand elle eut repris ses sens, ils la placèrent sur un des chevaux et poursuivirent lentement leur route. Ces deux cavaliers étaient, comme Catalina l'apprit plus tard, les domestiques d'une riche señora qui faisait exploiter dans les environs une propriété considérable. On arriva, après une heure de marche, à l'habitation de cette dame. La moribonde renaissait à la vie, l'espoir l'avait ranimée. Elle put faire quelques pas en descendant de cheval et remercier la libératrice que la Providence lui envoyait. On prépara pour le voyageur perdu un excellent lit, et on lui porta, quand il fut réchauffé, un souper succulent dont il avait grand besoin. Sa constitution de fer triompha de cette terrible épreuve. Catalina s'endormit et se réveilla, sinon complètement reposée, du moins bien portante. Un domestique qui guettait son réveil vint lui présenter, de la part de sa maîtresse, un bol de vin chaud, et déposa près du lit un habillement complet de drap bleu presque neuf, que l'on avait emprunté à l'un des gens de la maison, du linge, un chapeau et des chaussures. Un instant après, sur un désir que manifesta Catalina, on apporta dans sa chambre un vaste cuvier rempli d'eau tiède : c'était la baignoire de la maison. Notre aventurière se leva. Quand elle se fut baignée avec délices, quand elle eut peigné ses beaux cheveux noirs, dont elle paraissait en toute occasion fort satisfaite, quand elle eut endossé l'habit bleu qui se trouva juste à sa taille, elle se sentit pleine d'une vigueur nouvelle et fière de sa bonne mine. De leur côté, les habitants de la maison, lorsqu'ils la virent paraître, eurent grand' peine à reconnaître, sous les traits de ce beau jeune homme, le malheureux qu'on avait recueilli la veille.

Section IV.

La señora était une métisse, fille d'un Espagnol et d'une Indienne. Elle était veuve, si toutefois elle avait jamais été bien officiellement mariée, et pouvait avoir une cinquantaine d'années. C'était une femme excellente, simple, charitable, suffisamment riche, dont les troupeaux bien gouvernés augmentaient chaque jour de valeur. Elle interrogea l'aventurière avec bonté, lui demanda son nom et son histoire. Celle-ci répondit qu'elle s'appelait Pietro Diaz, *alferez* au service d'Espagne, et, quant à son histoire, elle débita, avec son impudence ordinaire, un de ces contes qu'elle tenait prêts pour la circonstance. On trouva l'*alferez* charmant : il avait l'air martial, quoique si jeune et sans barbe encore. On l'engagea à rester dans l'habitation tout le temps qu'il voudrait, toujours s'il lui plaisait. Il pouvait, si bon lui semblait, s'occuper de l'exploitation ; on vivait heureux dans cette campagne isolée qu'on ne quittait guère, sauf pour aller faire quelques emplettes à Tucuman. Pietro, avait un goût médiocre pour l'existence bucolique, écouta cependant avec respect et en apparence avec plaisir les propositions de la bonne dame. Il laissa même percer un dégoût secret de l'état militaire, car, avant de chercher fortune ailleurs, il fallait se reconnaître. Cette situation nouvelle, si transitoire qu'elle dût être, avait bien son mérite dans les circonstances présentes, et il était sage, en attendant mieux, d'en prendre possession le plus agréablement possible. La causerie, qui s'était ainsi engagée sur un ton fort amical entre l'*alferez* et son hôtesse, durait depuis une heure, quand la porte s'ouvrit, et une charmante jeune fille entra : c'était Juana, la fille de la señora. Juana pouvait avoir seize ans. Née d'un père espagnol et d'une mère américaine, elle joignait à la physionomie piquante des Andalouses cette taille souple, cet œil velouté, cette langueur voluptueuse qui sont le partage des Péruviennes. Un collier de corail se détachait sur son teint d'une pâleur mate, même un peu bistrée, et ses longues boucles d'oreilles donnaient à sa physionomie un air particulier d'étrangeté et presque de sauvagerie.

Elle salua l'*alferez* sans embarras, avec cette simplicité naturelle et gracieuse qu'on ne trouve guère, hélas ! dans les pays civilisés, où les maîtres de danse donnent cependant des leçons de distinction et de courtoisie. Dans le désert où elle avait passé sa vie, Juana n'avait guère vu d'autres hommes que les domestiques de sa mère ; on comprend la curiosité naïve avec laquelle elle regarda ce jeune étranger, dont l'apparition avait ce caractère mystérieux et romanesque qui a séduit, de tout temps et en tout pays, les imaginations féminines. Cet examen, il faut le dire, ne fut pas défavorable à l'*alferez*, et Pietro, de son côté, éprouva à la vue de la jeune fille un vif sentiment de sympathie et d'admiration. Il causa longuement avec elle et fut ravi de la candeur et de la grâce de cette belle enfant, que ses récits enthousiasmaient. Au bout d'une semaine, l'*alferez*, établi dans la maison comme un ancien ami, retenu par un charme secret dont il ne se rendait pas compte, ne songeait plus à partir. Ce charme, quel était-il ? Cela est délicat à expliquer : c'était, disons-le sans détour, l'amour naissant qu'il inspirait à Juana, et qu'il excitait avec une curiosité coupable, mais naturelle à cet être incomplet et bizarre, amoureux de l'intrigue et de l'inconnu. Durant de longues soirées, ses yeux suivaient avec intérêt tous les mouvements, toutes les pensées, si on peut le dire, de la gracieuse Indienne, et cette enfant de la nature se troublait de plus en plus sous ce regard qui n'était que curieux, mais qu'elle devait croire amoureux. Les jours s'écoulaient de la sorte. Inquiète et ne sachant que faire, la mère, qui devinait tout, se demandait comment elle pourrait mettre un terme à cette situation qu'elle jugeait embarrassante et qui l'était bien plus qu'elle ne le pensait. L'occasion se présenta bientôt.

La prudence d'une mère, si instinctive qu'elle soit, ne saurait guère empêcher deux jeunes gens, vivant sous le même toit, de se rencontrer sans témoins de temps à autre. Dans ces tête-à-tête que leur ménageait le hasard, aidé peut-être par le cœur de la jeune fille, la conversation devenait plus familière. L'*alferez* allait parfois jusqu'à prendre dans ses mains la main de Juana, avec une liberté qui pouvait sembler fraternelle. Un jour même, obéissant, il faut le croire, à un mouvement de coquetterie féminine et oubliant son déguisement, il se mit à lisser d'une main caressante les bandeaux noirs de la jeune Indienne, qui rougit, se troubla et n'eut pas le courage de le repousser. Émue, frémissante, la pourpre au front, le feu au cœur, Juana était belle comme l'amour. Catalina ne put résister au désir de baiser le beau visage de sa compagne ; elle passa un bras autour d'elle. La taille souple de la créole se cambra sous cette étreinte et s'abandonna dans toute la beauté de son ravissant contour. Aussitôt Catalina tressaillit, fit un pas en arrière et s'assit ; en ce moment, la señora parut ; devant sa fille, elle feignit le plus grand calme et ne dit rien ; mais, Juana étant sortie, — Señor alferez, dit-elle tout à coup, vous me trompez ! Et comme Pietro voulait répliquer, elle l'arrêta d'un geste : — Vous me trompez indignement, vous dis-je ; vous étiez malheureux, perdu, mourant, je vous ai accueilli sans savoir qui vous étiez ; nos soins vous ont rendu la vie ; je vous ai offert dans cette maison tranquille la place d'un fils, et vous me répondez en cherchant à séduire une enfant sans défense avec l'impudeur d'un soldat ! – L'*alferez*, un instant confus, s'excusa en balbutiant ; il allégua une affection toute fraternelle ; ses caresses étaient fort innocentes ; il était incapable de porter le déshonneur dans la maison de la señora (et celle-ci ne savait pas combien il disait vrai !). La bonne dame secoua la tête. — À quoi serviront mes plaintes ? ajouta-t-elle. Ma fille vous aime, et le ciel veut peut-être punir mon aveugle confiance. Le mal est fait, et seul vous pouvez le réparer. Si, comme vous le dites, vous aimez notre vie tranquille, si vous aimez ma fille, restez avec nous. Je ne vous demande pas l'histoire de vos aïeux ; je ne veux point savoir si vous êtes riche ou pauvre. Au désert, la bonté du cœur vaut mieux que la noblesse, et le travail tient lieu de richesse. Voulez-vous être mon fils, soyez-le. — Et comme Catalina, fort embarrassée, ne répondait rien, la señora reprit d'une voix sévère : Si, au contraire, comme votre silence me le fait craindre, vous n'êtes qu'un lâche séducteur, partez, señor, partez ce soir ; on vous conduira à Tucuman, et que Dieu vous protège !

La digne femme était une excellente mère assurément. Elle adorait sa fille, mais il ne faut pas exagérer son désintéressement. Dans ses idées, Pietro Diaz, bien qu'elle ne le connût guère, était un fort bon parti pour Juana. Riche ou pauvre, *alferez* ou non, c'était un Espagnol. Or, à ses yeux, un Espagnol était ce qu'est encore en Amérique un blanc pour une fille de couleur. Les Espagnols, à cette époque, étaient rares au pied des Cordillères ; celui-là parti,

Section IV.

qui le remplacerait ? Et je n'affirmerais pas que l'excellente señora n'eût mûrement pesé toutes ces considérations bien avant l'heure décisive. Toujours est-il que l'alternative était fort embarrassante pour Catalina. Béatrix de Cardenas et son ancien maître Urquiza lui revinrent en mémoire ; il fallait, comme alors, gagner du temps, et c'était le moment de jouer la seconde représentation d'une scène presque pareille : elle le fit avec toute la grâce d'un jeune premier de l'Opéra-Comique. — Juana était un ange de beauté, dit-elle, et la señora la meilleure des mères ! Devenir son fils, quel sort plus heureux pourrait rêver un pauvre soldat perdu loin de son pays ! — Et mille protestations encore. On s'attendrit, comme il était naturel, on s'embrassa, et le mariage fut arrêté. Il eût été plus simple assurément de profiter de la seconde proposition de la señora et de partir pour Tucuman avec le mépris peu embarrassant de la bonne mère ; mais la simplicité, comme on a pu le voir, n'était pas le fait de Catalina. Les imbroglios ne lui déplaisaient point, et il lui répugnait en ce moment de jouer le rôle d'un ingrat : elle accepta donc la plus difficile alternative.

Sur une proposition faite par l'*alferez*, on décida, peu de jours après, que le mariage serait célébré à Tucuman. La nécessité de faire quelques achats indispensables, la difficulté de mander à l'habitation un prêtre et des témoins, d'autres raisons encore, motivaient suffisamment la demande de Pietro, qui, malgré son génie, ne découvrait pas, pour se tirer d'affaire, d'expédient meilleur que ce voyage et cet ajournement. Fuir seul, à travers un désert inconnu et sans laisser de traces, n'était pas, cette fois, chose facile ; il n'avait pas, ainsi qu'à Païta, la ressource de l'Océan, qui l'avait absorbé comme un point dans son immensité. À Tucuman, au contraire, les bruits de la ville, les hasards sans nombre d'une vie nouvelle pouvaient faciliter sa désertion et couvrir sa retraite. On partit donc pour Tucuman, et l'on y arriva sans encombre. Une semaine ne s'était pas écoulée, que l'*alferez* avait fait dans la ville d'excellentes connaissances et repris sans vergogne ses anciennes habitudes de la Conception. Vêtu comme un riche *caballero*, grâce à la señora, il passait sa vie dans les tripots, jouant comme un forcené, en compagnie d'une douzaine de Portugais, qui étaient les *grecs* de Tucuman. Les huit doublons ravis au soldat gelé dans la cordilière y passèrent bientôt, et furent suivis de beaucoup d'autres, que l'on emprunta, sous différents prétextes, à la future belle-mère. Diaz, ordinairement heureux au jeu, s'étonna de la persistance de cette veine mauvaise, et il se prit à soupçonner la probité de ses nouveaux amis. Il étudia leurs physionomies, surveilla leurs gestes, leurs regards, leurs doigts surtout ; comme il était expert, je le dis à regret, en prestidigitation, il s'aperçut bientôt qu'il était volé. « Otez d'un Espagnol tout ce qu'il a de bon, dit un méchant proverbe, il vous restera un Portugais. » C'était l'avis de l'*alferez* ; mais, malgré son mépris pour ses partenaires, il songea que, seul contre douze, il risquait gros à se fâcher, et que ces industriels ne reculeraient pas devant un coup de poignard pour échapper aux suites d'un scandale. Il patienta donc et perdit avec beaucoup de sang-froid jusqu'à son dernier réal. Le personnage qui jouait contre lui et qui avait par conséquent empoché ses onces et ses douros, Fernando de Acosta, pour l'appeler par son nom, se leva, la partie finie, prit son chapeau et sortit. L'*alferez* en fit autant presque aussitôt, en apparence avec le plus grand calme ; mais, dès qu'il fut dans la rue, il se mit à courir sur les traces de son antagoniste. Quand il eut entrevu, au clair de la lune, sa silhouette profilée sur les murailles, il régla sa marche sur la sienne, et se contenta de le suivre à quinze pas. Après un quart d'heure de chasse, il vit Fernando de Acosta, qui marchait légèrement en sifflant une romance, s'arrêter tout à coup devant une petite porte, prendre une clé et l'introduire dans la serrure. En un moment, l'*alferez* eut rejoint Fernando, et, lui frappant brusquement sur l'épaule : — Señor *portugués*, lui dit-il, vous êtes un voleur ! — L'autre se retourna, et, reconnaissant Pietro Diaz : — C'est possible, señor, répliqua-t-il ; mais je n'aime pas qu'on me le dise ! — Et il mit l'épée à la main. L'*alferez* n'avait pas voulu l'assassiner ; il lui avait donné le temps de se reconnaître, mais c'est tout ce que son exaspération lui permettait de faire, et le Portugais était à peine en garde, que Pietro, partant d'un coup droit, lui passa son épée au travers du corps jusqu'à la coquille. Fernando tomba mort sans pousser un cri ni un soupir.

Le premier mouvement de l'*alferez* fut de reprendre sa bourse, le second de regarder attentivement dans la rue, d'écouter avec angoisse, de s'assurer enfin que nul n'avait pu le voir ni l'entendre. La ville était silencieuse, partout les lumières s'étaient depuis longtemps éteintes. Diaz, rassuré, essuya soigneusement son épée

Section IV.

et la remit dans le fourreau. Après un instant de réflexion, voici le parti auquel il s'arrêta : la clé du Portugais était dans la serrure, il ouvrit la petite porte avec précaution et traîna le cadavre jusqu'à la première marche de l'escalier ; puis, ayant ôté la clé de la serrure, il la remit dans la poche de Fernando ; cela fait, il sortit en tirant, avec le moins de bruit possible, la porte derrière lui. Dans la rue, il prêta de nouveau l'oreille ; le calme était toujours profond. Alors, bien convaincu que la nuit garderait son secret, il rentra dans la maison de la señora, où il logeait, et se coucha sans trop de remords, se disant qu'après tout il s'était conduit en *caballero*. Diaz s'endormit tard cependant ; le lendemain, quand il se réveilla en sursaut, il vit devant lui le corrégidor et quatre alguazils.

Cette fois, il n'y avait ni fuite ni résistance possibles. L'*alferez*, la mort dans le cœur, regarda les estafiers avec un étonnement simulé, et demanda d'un ton qu'il essaya de rendre assuré ce qu'on lui voulait la réponse était prévue. — Et de quoi m'accuse-t-on, mon Dieu ? continua-t-il. — D'assassinat, répliqua froidement le corrégidor. Pietro, voulant jouer jusqu'au bout la surprise, tenta de sourire, mais il n'y réussit pas. Il fallut se lever en toute hâte ; on ne lui permit pas même de parler à la señora. Seulement, comme il descendait l'escalier, une porte s'entr'ouvrit sur son passage, et il crut apercevoir le visage pâle et baigné de larmes de la pauvre Juana. Une demi-heure plus tard, l'*alferez* était sous les verrous. Dans ce temps-là, on ne laissait pas languir les prisonniers sous le coup d'une prévention quelconque ; on arrivait au fait sur-le-champ, la justice était fort expéditive. En un jour, l'instruction de l'affaire fut terminée, l'acte d'accusation dressé. On vint interroger le captif à deux reprises différentes : il nia tout effrontément, avec une telle fermeté, qu'il en imposa. Il déclara, ce qui était vrai, qu'il n'était jamais entré dans l'appartement de Fernando de Acosta, qu'il le connaissait à peine, qu'il ne pouvait donc s'être querellé dans sa maison avec lui, et que les gens de son espèce attaquaient leurs ennemis face à face, en plein air, et non pas dans les couloirs comme des assassins. Par malheur, à la grande stupéfaction de Piétro, un témoin comparut. C'était un homme de mauvaise mine qu'il n'avait jamais vu de sa vie. Celui-ci déclara cependant qu'il connaissait parfaitement l'*alferez* ; que ce n'était point un mystère dans le quartier qu'il courtisait la femme de Fernando de Acosta ;

que, selon toute probabilité, l'amant surpris s'était débarrassé dans l'escalier du mari trop confiant, et que, le coup fait, il avait sauvé par la fenêtre, voulant sans doute détourner les soupçons ou les laisser tomber sur les habitants de la maison. Il ajoutait qu'un de ses amis avait vu, vers minuit, l'accusé sauter d'un balcon dans la rue. Cet ami, qui était un autre mécréant de la même espèce, déposa en effet qu'il avait parfaitement reconnu l'*alferez*, lorsqu'il était descendu du balcon, mais que, pensant qu'il s'agissait d'une intrigue d'amour, il avait négligé d'en instruire l'autorité. Que répondre aux accablantes allégations de ces imposteurs soudoyés sans nul doute par la bande portugaise ? L'*alferez*, atterré, ne répliqua rien, sinon qu'il était innocent, et que les témoins étaient des menteurs infâmes. Cette affirmation, que n'appuyait aucune preuve, était insignifiante, et l'*alferez* fut condamné, séance tenante, à être pendu jusqu'à ce que mort s'ensuivît, sur la grande place de la ville, le huitième jour, au coucher du soleil.

Cette sentence inattendue, et qui prêtait si peu à l'équivoque, donna fort à réfléchir à Catalina. Être condamnée comme amant de la señora de Acosta, c'était jouer de malheur. L'idée lui vint sur-le-champ de confondre les imposteurs en avouant ce qu'elle était ; mais, comme elle se décidait à cette déclaration, une pensée la retint. À quoi servirait cet aveu ? prouverait-il qu'elle était innocente du meurtre de don Fernando ? Le bruit que ne manquerait pas de faire une pareille révélation ne se ferait-il pas entendre par-delà les Cordillères, jusqu'en Espagne peut-être ? Et si elle se disculpait par cet aveu (ce qui était fort douteux) du meurtre de don Fernando, ne s'exposait-elle pas à voir rechercher dans sa vie passée quelques peccadilles au moins équivalentes ? L'inquisition ne viendrait-elle pas d'ailleurs à s'occuper d'elle ? et que penserait l'inquisition de son travestissement, de son existence aventureuse ? N'y avait-il pas là un cas de sorcellerie qui pouvait la mener au bûcher ? Mourir pour mourir, mieux valait encore la corde que la torture et le gibet qu'un auto-da-fé. L'amour de la vie luttait secrètement en elle cependant, et Catalina s'attachait à l'aveu de son sexe comme à une espérance dernière. Durant ces hésitations, sept jours s'étaient écoulés, et la prisonnière sentit son cœur faiblir, lorsqu'elle vit, à travers les barreaux de son soupirail, disparaître derrière les montagnes les derniers rayons de son

Section IV.

dernier soleil. En ce moment, quatre religieux entrèrent dans la prison ; ils venaient préparer le condamné à la mort. Le premier qui parut était un homme d'une physionomie énergique et fine. Catalina crut remarquer qu'il lui faisait des signes d'intelligence, et un frisson la prit quand elle aperçut entre ses doigts un chiffon de papier qu'il lui montrait à la dérobée. Elle vint d'un air de componction se jeter à ses genoux et appuyer son front sur ses deux mains ; dans ce mouvement, elle put saisir le mystérieux billet, et en se relevant, elle le fit glisser dans sa poche. — Je suis heureux, mon fils, lui dit le moine, de vous trouver dans ces pieuses dispositions. Recueillez-vous un instant et préparez-vous à une bonne confession. – L'*alferez* songeait au billet et n'écoutait guère ce que disait le moine. Il comprit cependant qu'en faisant mine de se recueillir, il pouvait se dérober un instant à la surveillance des quatre religieux, et il alla s'agenouiller devant son grabat. Là, il ouvrit le papier mystérieux et y lut furtivement ces seuls mots : *Ne vous confessez pas.* J. — Après une seconde de réflexion : — *Caramba* ! mes bons frères, s'écria Catalina en se relevant tout à coup, que venez-vous faire ici ? Et comme les religieux reculaient avec effroi : — Vous voulez me confesser, dites-vous ? Et qui vous dit que je veuille me confesser, moi ! Allez, je n'ai que faire de vous et laissez-moi en paix. Les moines, très surpris, cherchèrent à calmer cette colère subite : ils parlèrent au condamné de la mort qui l'attendait et du monde inconnu qui s'ouvrait au-delà ; mais l'*alferez* répondit qu'il ne craignait pas la mort et qu'il ne croyait pas à l'autre vie. S'il était chrétien ou païen, c'est ce qu'il ignorait, ne s'étant jamais occupé de pareilles choses. Né dans les camps, il avait combattu sur terre et sur mer depuis son enfance en loyal soldat ; il était innocent du crime dont on l'accusait : que fallait-il de plus ? Après avoir épuisé inutilement toutes leurs formules d'exhortation, les religieux sortirent du cachot, déplorant l'impiété du condamné : sur la proposition de l'un d'entre eux, ils allèrent chez le corrégidor pour le supplier d'ajourner l'exécution et de laisser à cette âme égarée le temps d'entrer dans une voie meilleure. L'avertissement mystérieux, c'était à Juana que la prisonnière le devait, et on comprend maintenant quelle pensée l'avait dicté.

Cette pensée, Catalina d'abord n'avait pas su la deviner. Quant au corrégidor, un instant inflexible, il finit cependant par s'adoucir, et accorda aux religieux douze heures de délai, après lesquelles, ajouta-t-il, le condamné pouvait aller au diable si bon lui semblait. La journée du lendemain se passa en prières, en exhortations inutiles. Catalina, apprenant la cause de l'ajournement, n'eut garde de se laisser toucher si vite par la grâce ; elle espérait. Vers le soir, cependant, son courage diminua ; elle pâlit lorsqu'à l'heure dite elle entendit les verrous se tirer et les portes s'ouvrir : c'étaient les exécuteurs. Bientôt après Catalina, revêtue par-dessus ses habits d'une robe de laine blanche, sortit de la prison pieds nus, un cierge à la main, et escortée d'un détachement d'infanterie. Une longue file de religieux, la croix en tête, le rosaire à la main, attendait le condamné ; une foule immense se pressait sur la place, qu'inondaient les lueurs rouges du couchant. Quand parut l'*alferez*, un sourd murmure s'éleva de toutes parts ; il était fort pâle, mais sa démarche était ferme et son œil étincelait. *Que joven ! que bonito ! que juapito !* (qu'il est jeune ! qu'il est joli !), disaient les femmes. Au moment où le cortège allait se mettre en marche, Catalina reconnut dans la foule le religieux de la veille ; il lui sembla que ses regards se portaient de tous côtés avec anxiété : il y avait donc quelque espérance dans l'air ? On arriva bientôt sur la grande place, et le condamné put voir de loin l'instrument du supplice. Le gibet avait la forme d'un F ; un enfant, à cheval sur le bras supérieur, attachait en ce moment la corde, des alguazils refoulaient la multitude. Catalina n'en vit pas davantage, car ses yeux se troublèrent et ses oreilles commencèrent à bourdonner. Elle avançait pourtant comme poussée par une force indépendante d'elle-même, et elle arriva sous la potence. Le corrégidor, monté sur une mule blanche, remit la sentence au chef des alguazils, qui la lut à haute voix. Pendant ce temps, une sorte de surexcitation s'emparait de Catalina, et un étrange sentiment d'amour-propre lui rendit tout son sang-froid. Le bourreau nouait la corde savonnée. « Ivrogne ! lui dit-elle, tu ne sais pas faire ton métier ! » Et, lui arrachant la corde des mains, elle fit elle-même un de ces nœuds savants dont les matelots ont le secret. La foule ne put alors contenir son admiration, des voix crièrent Grace ! grace ! Le corrégidor, craignant une émeute, fit signe au bourreau de se hâter ; mais en ce moment un cri perçant retentit, et un cavalier couvert de poussière, débouchant au grand galop sur la place, vint

Section IV.

remettre une dépêche au corrégidor. Un silence profond succéda aux murmures qu'avaient excités les apprêts du supplice, un vif sentiment de curiosité, qui gagna le bourreau lui-même, se peignit sur tous les visages. Dès que le corrégidor eut jeté les yeux sur la dépêche, il donna l'ordre de suspendre l'exécution et de ramener le condamné dans la prison. Une immense acclamation, longtemps contenue, éclata de tous côtés à la fois ; la foule s'ébranla, les alguazils s'empressèrent, et tandis que les groupes se formaient, que les moines eux-mêmes se questionnaient avec étonnement, que la population tout entière se perdait en conjectures, Pietro, escorté des exécuteurs, avait regagné la prison.

On connut bientôt la cause de cet incident inattendu. La dépêche qui avait sauvé la vie au condamné venait de la Plata ; elle était expédiée par le président don Martin de Mendiola. Quelques jours auparavant, les deux témoins qui avaient déposé contre Catalina étaient tombés entre les mains de la justice. C'étaient deux misérables spadassins aux gages du premier venu ; condamnés à mort pour leurs méfaits et soumis préalablement à la question, ils avaient avoué, entre autres crimes, qu'ils ne connaissaient pas Pietro Diaz, et qu'ils avaient été payés pour le dénoncer. Le président avait écrit sur-le-champ aux autorités de Tucuman pour les prévenir qu'elles eussent à suspendre ce procès, qui devait être porté devant la juridiction supérieure de la Plata. On devine que la señora n'avait pas été étrangère à cet événement. Après avoir inutilement invoqué la pitié du corrégidor de Tucuman et vainement tenté sa cupidité, elle était partie pour la Plata en toute hâte, laissant Juana sous la garde d'une femme de confiance et d'un franciscain tout dévoué. À la Plata, ses démarches avaient été plus heureuses. Accueillie avec distinction par don Martin, ancien ami de son mari, elle avait fort activé la justice et contribué sans nul doute au départ précipité du courrier extraordinaire qui devait sauver son futur gendre. Catalina lui dut avec la vie l'indulgence de ses nouveaux juges, car, transportée deux jours plus tard à la Plata, son procès y fut révisé, et comme aucune charge sérieuse ne s'élevait plus contre elle, elle fut acquittée et mise en liberté.

Cette affaire, comme on pense, avait fait grand bruit dans la province. L'*alferez* Pietro était l'objet d'une curiosité générale, et son aventure le sujet intarissable de toutes les conversations. Cette situation, si équivoque qu'elle fût, car la justice des hommes a le triste privilège d'imprimer le plus souvent une marque fâcheuse sur le front même de ceux qu'elle absout, ne déplaisait pas à cette nature plus orgueilleuse que délicate. La señora, désolée de tout ce bruit, n'aspirait qu'à regagner sa paisible retraite ; mais don Martin lui fit comprendre que le moment était mal choisi pour un mariage : l'intérêt de Juana, assurait-il, exigeait que l'on donnât aux événements le temps de s'assoupir ; il soutint avec force son opinion et repoussa les objections de la señora en homme qui en sait plus qu'il n'en veut dire. Quel que fût le fond de sa pensée, il servit merveilleusement l'*alferez*, pour qui ce mariage était presque aussi redoutable que la potence. La señora consentit enfin à une séparation qu'on lui assura devoir être de courte durée ; elle donna de l'argent à l'*alferez*, qui feignit, en la quittant, un grand désespoir, et jura d'être avant trois mois aux pieds de la meilleure des mères et de la plus belle des fiancées. Aussitôt après le départ de l'excellente femme, don Martin fit appeler Pietro. « Señor *alferez*, lui dit-il en le regardant fixement, n'avez-vous jamais habité la Conception, et n'avez-vous pas connu le capitaine Miguel de Erauso ? C'était mon ami. » Catalina pâlit affreusement. « Si vous m'en croyez, continua-t-il, vous partirez ce soir, vous irez droit devant vous tant que vous trouverez de la terre, vous changerez de nom, et vous ne mettrez plus les pieds dans ce pays. À bon entendeur, salut ! » L'*alferez* ne se fit pas répéter deux fois ce conseil, et il alla sur-le-champ faire emplette d'un cheval ; une heure après il sortait de la ville.

Section V.

La cité la plus prochaine était la Paz ; ce fut vers la Paz qu'il se dirigea, et il y arriva assez rapidement grâce à la vigueur et à l'agilité de sa monture. Le cheval qu'il venait d'acheter à fort bon compte était un animal superbe, noir, sans tache, luisant comme l'aile d'un corbeau ; avec sa crinière nattée suivant la mode andalouse, sa selle de cuir jaune brodée de laine rouge et piquée de fil blanc, c'était bien la monture d'un élégant *caballero*. Cheval et voyageur furent remarqués en arrivant sur la place de la ville ; les curieux s'attroupèrent et se demandèrent quel pouvait être cet étranger. Catalina, peu intimidée, satisfaite au contraire de la bonne impression qu'elle produisait, s'approcha de l'un des groupes et se fit indiquer la meilleure *fonda*. Parmi ceux qu'elle interrogeait, l'aventurière remarqua deux soldats d'assez mauvaise apparence, qui semblaient observer avec un intérêt particulier tous ses gestes et qui surtout examinaient son cheval avec une curiosité suspecte. Elle avait à peine tourné bride pour gagner l'auberge, que ces deux hommes, après s'être consultés à voix basse, abordèrent respectueusement un personnage vêtu de noir qui passait auprès d'eux, et, lui montrant l'*alferez*, ils parurent lui donner quelques vives explications. Catalina, sans se retourner, avait tout vu avec cette perspicacité singulière que donne l'inquiétude. Son premier mouvement avait été de faire bondir son vigoureux cheval noir, et de fuir, sans trop savoir pourquoi, de toute sa vitesse ; le second, au contraire, fut de ralentir sa marche avec un calme imposant et d'attendre. Elle n'attendit pas longtemps ; temps ; un alguazil s'approcha d'elle et lui dit en la saluant que l'alcade désirait parler à sa seigneurie. L'*alferez* rendit avec courtoisie son salut à l'alguazil et le suivit en se composant pour la circonstance une physionomie tout-à-fait souriante. L'alcade s'entretenait encore avec les deux soldats, et les promeneurs, qui pressentaient une scène intéressante, s'étaient groupés derrière lui. Quand l'*alferez* se fut approché : « C'est bien lui, monseigneur, c'est bien lui ! murmurèrent les soldats. » Catalina se sentit pâlir. « Que me veut votre excellence ? » demanda-t-elle à l'alcade en le saluant avec respect. Le fonctionnaire fixa sur l'étranger un regard scrutateur qui ne contribua pas à le rassurer. « Señor caballero, lui dit-il, je ne vous connais pas, et ces deux soldats affirment que le cheval que vous montez leur appartient ; ils déclarent qu'il leur a été volé, et ils s'offrent à le prouver ; qu'avez-vous à répondre ? » Catalina, préparée à tout autre événement, s'attendait si peu à cette accusation, que la voix lui manqua, elle demeura un instant confuse et rougissante. Le regard sévère de l'alcade et un sentiment de satisfaction qui se peignit sur la figure des accusateurs lui rendirent son sang-froid. Détachant sans mot dire la *capa* qui couvrait l'arçon de sa selle, elle la jeta sur la tête de son cheval de façon à l'envelopper complètement depuis les oreilles jusqu'aux naseaux. — Monseigneur, dit-elle ensuite à l'alcade, je supplie votre excellence de demander à ces *caballeros* quel est l'œil qui manque à ce cheval ; c'est le droit ou le gauche, non point un autre, et ils ne peuvent se tromper. — Bien, dit l'alcade. Vous entendez, ajouta-t-il en s'adressant aux soldats, de quel œil ce cheval est-il borgne ? — Les soldats embarrassés se turent. — Répondez sur-le-champ ! continua l'alcade. — De l'œil gauche, dit un des soldats. — Non, de l'œil droit, affirma l'autre. — Vous ne vous entendez guère, observa l'alcade. — C'est de l'œil gauche, s'écrièrent alors à la fois les deux accusateurs. Ce cheval a l'œil gauche crevé ; nous avons pu hésiter une minute, mais nous sommes sûrs maintenant de ce que nous avançons. L'*alferez* enleva son manteau et découvrit les oreilles de sa monture. — Que votre excellence, dit-il à l'alcade, veuille bien examiner la tête de mon cheval ; elle verra qu'il n'est pas borgne le moins du monde et que ses deux yeux sont excellents. Après avoir regardé : — Qu'on arrête ces deux dénonciateurs ! s'écria l'alcade ; ce caballero est dans son droit, et ce sont deux coquins, Aussitôt la foule s'empressa autour de l'*alferez*, qui reprit en riant avec les curieux le chemin de la *locanda*.

Catalina n'y était pas établie depuis une heure et elle avait à peine eu le temps de réparer le désordre de sa toilette de voyage, lorsqu'on vint la prévenir que le señor don Antonio Calderon demandait à lui parler de la part de l'alcade. Quel pouvait être ce nouveau message ? Qu'annonçait cette visite ? Était-ce une seconde aventure ? Quoi qu'il en pût être, l'*alferez* ne pouvait refuser de recevoir l'envoyé de l'alcade ; il le fit prier de monter chez lui. Dès que don Antonio parut, sa politesse et sa physionomie joviale dissipèrent à l'instant les craintes du voyageur. Il était, lui dit-il, le neveu de l'évêque de Cuzco et le cousin de l'alcade de la Paz, et il venait de la part de ce dernier, lui exprimer tout le regret qu'il éprouvait de la ridicule scène du cheval. On punirait les deux soldats comme ils le méritaient, mais son cousin l'alcade serait heureux de pouvoir lui en donner lui-même l'assurance, et il l'envoyait (quoique à son regret il ne connût ni le nom, ni le pays, ni la qualité du voyageur) pour lui demander s'il voudrait lui faire l'honneur de venir dîner chez lui. Catalina respira fortement ; puis, se rappelant le conseil du président de Tucuman : — Je me nomme don José de Salta, répondit-elle ; je suis *alferez* au service de sa majesté catholique ; mon pays est la Biscaye, et je me rends à Cuzco pour mes affaires. — Quelle bonne fortune ! s'écria don Antonio ; mon cousin est

Section V.

Basque comme vous, et comme vous il part demain pour Cuzco. Si cela vous convient, señor *alferez*, nous ferons route ensemble.

Voyager sous la protection des lois, avec la justice elle-même, rien assurément ne pouvait mieux convenir à notre héroïne, que commençaient à lasser des aventures infiniment trop multipliées. Elle accepta donc l'invitation avec empressement et suivit don Antonio chez l'alcade. Don Pedro de Chavarria (ainsi se nommait l'éminent fonctionnaire) attendait son invité ; il le reçut à merveille, lui témoigna ses regrets de la sotte aventure, et le présenta à doña Maria, sa femme, belle, Andalouse qu'il avait épousée un an auparavant. Doña Maria était le type parfait des Sévillanes, du genre de beauté desquelles on se fait en général une très fausse opinion. Elle n'était pas petite et vive, brune et piquante comme les beautés de Cadix, ni blanche et voluptueuse comme les femmes de Valence ; c'était une grande personne blonde à la taille admirablement svelte, avec des yeux noirs frangés de longs cils bruns. Son regard éclatant et tout-à-fait méridional contrastait étrangement avec la blancheur de son teint et la couleur de ses cheveux ; c'était un singulier mélange de douceur germanique et d'énergie arabe. Je ne parle point de ses pieds, elle n'en avait presque pas. Bref, l'*alferez* la trouva fort à son gré. Merveilleusement accueilli dans la maison de l'alcade, il déploya pour plaire toutes les grâces de son esprit. Il raconta avec à-propos, et sans fatiguer son auditoire, quelques épisodes de ses voyages. Il parla de choses qu'il savait, de beaucoup d'autres qu'il ne savait pas, détournant adroitement la conversation et la variant avec art. Il plut, en un mot, dans le salon de cette petite ville, où sans doute les beaux diseurs étaient rares. Ce devait être un précieux compagnon de route, pensaient ses hôtes, et l'alcade se réjouissait autant de l'heureuse rencontre que don José lui-même. La clairvoyance n'était pas la vertu principale de don Pedro de Chavarria, et l'*alferez* savait à quoi s'en tenir à cet égard. Dès la première heure, il avait remarqué que les beaux yeux de la señora rencontraient bien souvent les regards du cousin Calderon, et ils semblaient avoir en ce moment mille secrets à leur dire. Avant la fin de la soirée, don José ne doutait plus du malheur de l'alcade. Comme, au demeurant, ce n'était pas son affaire, il s'en préoccupa peu et prit congé de ses hôtes pour aller faire ses préparatifs de départ.

Depuis longtemps Catalina n'avait éprouvé une aussi grande tranquillité d'esprit ; tous les obstacles s'aplanissaient devant elle. Qui eût pu lui dire, en effet, que cette soirée qui faisait sa sécurité, que cet amour qu'elle venait de deviner, renfermaient en germe une sanglante tragédie qui devait bientôt mettre un terme à sa folle et vagabonde existence !

Le lendemain, lorsque don José se rendit à l'heure convenue devant la porte de l'alcade, il y trouva une caravane entière prête à partir. On avait préparé pour doña Maria une de ces litières ou portantines, sorte de chaises à porteurs soutenues par deux mulets, moyen de transport fort en usage à cette époque dans les pays espagnols, et dont on retrouve communément encore le modèle en Sicile. Quatre domestiques bottés jusqu'aux hanches, armés jusqu'aux dents, montés sur des mules vigoureuses, se disposaient à escorter leur maîtresse. Un beau genet, tenu en main, attendait don Pedro de Chavarria, et le señor Calderon arriva bientôt caracolant avec grâce sur un de ces chevaux roses dont l'étrange nuance se rencontre assez souvent dans les races espagnoles. C'était un long et pénible voyage que celui de la Paz à Cuzco, et les dames de notre époque, habituées au moelleux balancement de leurs dormeuses, n'entreprendraient pas sans danger de pareilles excursions, à travers des pays sauvages et déserts, dans une litière au rude tangage. Doña Maria parut enveloppée du haut du peigne au bout des pieds dans sa mantille de satin, un œillet rouge à chaque tempe et son éventail à la main ; elle salua l'*alferez* d'un geste gracieux, Calderon d'un doux regard, et monta dans la portantine. Les cavaliers enfourchèrent leurs chevaux, et la caravane se mit en route.

En marchant quatre heures le matin et quatre heures dans l'après-midi, par des chemins détestables, on ne pouvait faire par jour plus de dix à douze lieues. Le soir, on arrivait à quelque hutte misérable, à quelque *venta* désemparée, c'est-à-dire à une écurie au bout de laquelle on avait réservé un recoin qui servait à la fois de cuisine, de sellerie, de salon et de chambre à coucher. On y dînait comme on pouvait ; les domestiques de l'alcade disposaient avec des toiles et des *mantas* une sorte de chambre et une manière de lit pour doña Maria ; les hommes s'arrangeaient de leur mieux dans la paille. La belle Andalouse ne semblait pas s'apercevoir de la longueur et

Section V.

des fatigues de ce voyage. Suivant du regard tout le jour l'heureux Calderon, qui posait sous ses beaux yeux avec la jactance espagnole et faisait exécuter à son cheval rose des *fantasias* continuelles, elle semblait vraiment penser à bien autre chose. Le mari qui ne posait pas, chevauchait plus paisiblement derrière la litière. Don Pedro était un de ces Espagnols courts et trapus dont le regard n'a rien de débonnaire, et dont le teint rappelle le visage d'Othello. Après quelques jours de voyage, l'*alferez* crut remarquer que la physionomie naturellement sombre de l'alcade se rembrunissait de plus en plus. Il vit le soupçon naître et grandir dans ce cœur passionné. Bientôt il pressentit un drame. Que faire ? Ivres de jeunesse et d'amour, les deux amans se laissaient aller au cours de la vie, sans songer au danger, comme ces beaux cygnes qu'entraîne paisiblement le courant d'un fleuve et qu'attend plus loin la balle du chasseur. L'*alferez*, pendant le voyage, s'était lié avec Calderon ; mais celui-ci ne lui avait guère parlé que de sa maison, de sa fortune, de ses chevaux et de son oncle, surtout de son oncle, l'évêque de Cuzco. De son amour, il n'avait pas dit un seul mot à l'*alferez*, et celui-ci, tout en se proposant de donner à Calderon un avertissement charitable, ne pouvait se cacher que cette réserve rendait plus difficile encore et plus délicate l'exécution de son projet.

Cependant on marchait toujours et l'on gagna la dernière étape. C'était une petite ville, de construction récente, à dix lieues en avant de Cuzco. Depuis peu de temps, une sorte d'administration civile était établie dans cette bourgade, et il se trouva que le corrégidor était fort connu de Pedro de Chavarria. Il fut aisé, grâce à lui, de procurer à la belle voyageuse un logement plus convenable que les gîtes des jours précédents. On prépara pour elle un petit pavillon de plaisance attenant à la maison du corrégidor. Ce pavillon, construit en bois et établi dans un jardin, renfermait une seule chambre au rez-de-chaussée, et au-dessus un petit grenier. Cette chambre avait deux fenêtres élevées de six à huit pieds au-dessus du sol et une porte précédée d'un perron tapissé de plantes grimpantes. Ce fut-là que l'on prépara le logement de doña Maria ; elle ne craignit pas de passer la nuit seule à une si petite distance de la maison du corrégidor, et préféra le kiosque qu'habitait provisoirement le fonctionnaire à une chambre humide encore, ouverte à tous les vents, dont elle laissa la jouissance à son hôte et à son mari. L'*alferez* et Calderon s'établirent comme ils purent dans la meilleure *locanda* de la ville. On dîna gaiement ensemble et l'on passa la soirée dans le pavillon du jardin. C'était une belle nuit d'été ; une tiède brisé balançait les arbres fleuris ; l'air était chargé de senteurs énervantes ; en un mot c'était un de ces soirs « où toute femme doit désirer qu'on l'aime. » Assise auprès d'une des croisées ouvertes, doña Maria, pâle et distraite, soutenant d'une main son front, broyant de l'autre une fleur de jasmin, les yeux fermés à demi, semblait sommeiller, mais elle ne sommeillait pas. Calderon avait découvert une guitare. On n'est pas Andalou sans savoir chanter un *jalero* ou un *fandango*, et le beau jeune homme avait une de ces voix chaudes et vibrantes qui appartiennent exclusivement à l'Italie et à l'Espagne, voix de pêcheurs qu'aucune étude n'a brisées et dont les notes fortes et pures font rêver, où qu'on les entende, aux gondoles, aux lagunes, aux nuits étoilées. Il chantait en frappant des doigts sur sa mandoline une série de ces quatrains espagnols qui se succèdent, on ne sait pourquoi, sans avoir ensemble aucun rapport, et dont les paroles, souvent mélancoliques, parfois étranges ou mystiques, contrastent d'une façon bizarre avec l'air animé qui les accompagne :

Aquel pajarillo, madre
Que canta en la verde oliva
Digale, por Dios, que ctalle
Que su canto me lastima.

Ya no soy yo la que era
Ni la que solia ser
Soy un cuadro de tristeza
Arrimado a una pared.

Yo me enamore del aire
Del aire de una mujer,
Como la mujer es aire,
En et aire me quede.

 « Ce petit oiseau, ma mère, qui chante dans le vert olivier, dites-lui, pour Dieu, de se taire ; son chant me navre.

Section V.

« Je ne suis plus déjà celle que j'étais, celle que je fus toujours ; je suis un tableau de la tristesse accroché à un mur.

« Je suis amoureux de l'air, de l'air d'une femme ; et, comme la femme est de l'air, je vis dans l'air. »

Le corrégidor écoutait avec émotion ; il songeait sans doute à la patrie absente. L'alcade regardait et pensait. L'*alferez* était fatigué, il étouffait de temps à autre un bâillement. Vers onze heures, doña Maria congédia les visiteurs. Le corrégidor sortit le premier avec l'alcade, tandis que l'*alferez* cherchait son chapeau et que Calderon s'attardait aussi, comme s'il lui manquait quelque chose. Au moment où don José (pour donner à l'*alferez* son nouveau nom) allait s'éloigner, il vit doña Maria debout promener de Calderon à la porte ouverte un regard furtif et souffler presque en même temps une des lumières, pantomime qu'en tout temps et en tout pays les amans ont traduite ainsi : Vous entrerez par là dès qu'il fera sombre ici. Calderon fit un signe affirmatif imperceptible et sortit avec don José. Ils descendaient les marches du perron, lorsque doña Maria parut à son tour déclarant qu'elle voulait respirer un instant dans le jardin. Elle les accompagna jusqu'à la porte, qu'elle se chargea de fermer elle-même. En passant près d'un massif qui bordait le mur, l'*alferez* crut voir briller dans l'ombre deux yeux étincelants ; il entendit dans le feuillage un frôlement et comme le bruit d'un pas rapide. — Qu'est-ce que cela ? dit doña Maria. — C'est un oiseau qui s'envole, répondit Calderon.

Cinq minutes plus tard, l'*alferez*, et son compagnon arrivaient à leur auberge et gagnaient leurs chambres. Un quart d'heure ne s'était pas écoulé que la porte de Calderon se rouvrit sans bruit, et l'heureux galant, enveloppé d'un manteau sombre, se glissa hors de la maison. Sur le seuil, il se trouva nez à nez avec l'*alferez*, qui l'avait précédé. « Excusez l'indiscret, murmura celui-ci ; mais je tiens à vous dire que l'air de la nuit est malsain pour vous aujourd'hui. » Don Antonio, mécontent, pria l'interlocuteur malencontreux de se mêler de ses affaires. Don José, sans se laisser intimider, fit part à Calderon de ses craintes, de ses soupçons, d'un pressentiment secret qu'il ne pouvait chasser, disait-il ; tout fut inutile. Après l'avoir un instant écouté, le neveu de l'évêque releva sa moustache, remercia du geste et s'éloigna sans répondre. Don José le suivit à distance ; il pénétra après lui dans le jardin, et de loin vit luire à la croisée du kiosque la lumière de doña Maria qui brillait comme un fanal. Calderon, embossé dans son manteau, s'appuya contre le tronc d'un arbre et attendit ; l'*alferez* fit de même. Au bout d'un instant, la lumière s'éteignit. Antonio, après avoir regardé attentivement autour de lui et prêté l'oreille, se dirigea à pas de loup vers l'escalier du pavillon. Son compagnon mystérieux se trouvait à vingt pieds en arrière ; il put voir, à la sombre clarté qui tombait des étoiles, le jeune homme monter les marches et pousser doucement la porte. Au même moment, une sorte de rugissement, suivi d'un cri de femme, partit de l'intérieur du pavillon. Antonio recula d'un pas sur l'escalier ; une ombre noire sortit et se précipita sur lui ; un râlement se fit entendre, et les deux corps roulèrent sur le perron. Presque aussitôt une des fenêtres, s'ouvrant tout à coup avec fracas, donna passage à une forme blanche qui sauta dans le jardin, glissa dans les ténèbres et vint se heurter en poussant un cri contre Catalina éperdue. C'était la malheureuse doña Maria ; elle était échevelée, folle d'épouvante, à demi morte. Sur le perron, une des ombres se relevait. L'*alferez* enveloppa dans son manteau la pauvre Espagnole, et, la tenant dans ses bras, il courut à travers les arbres vers la porte du jardin qu'il franchit. Là, se ravisant, il s'arrêta, et, au lieu de poursuivre sa course, il se colla immobile avec son fardeau contre le mur tapissé de verdure. Bien lui en prit, car presque aussitôt Chavarria, un couteau à la main, parut sur le seuil et regarda vers la ville. N'apercevant rien devant lui, il ferma la porte avec furie et rentra dans le jardin. Le danger avait rendu des forces à doña Maria. Soutenue par son compagnon, elle put courir, et ils arrivèrent haletans à l'écurie de la *locanda*.

Cacher la malheureuse dans cette petite ville était chose impossible ; mieux valait, pensa l'*alferez*, fuir sans perdre de temps et se fier à la vitesse de son cheval. Il le sella sur-le-champ, prit en croupe doña Maria, l'attacha contre lui avec son ceinturon et partit au galop sans trop savoir où il allait. Comme il sortait de la ville, il vit un homme passer rapidement auprès de lui, et crut reconnaître un des domestiques de Chavarria. Il piqua des deux avec une nouvelle ardeur. Les fuyards se trouvèrent bientôt en rase campagne. Depuis une demi-heure, ils allaient ainsi bride abattue, lorsqu'ils furent arrêtés par un torrent large et débordé. L'*alferez* hésitait. — En avant ! cria doña Maria. En avant ! répéta

Section V.

Catalina. Le cheval, excité par elle, sauta dans la rivière ; il n'avait pas fait six pas, qu'il perdit pied et fut entraîné par le courant. Cramponnées aux crins avec l'énergie du désespoir, ayant de l'eau jusqu'aux épaules, les deux compagnes laissèrent le cheval dériver et se débattre. Le généreux animal, redoublant de vigueur, arriva tremblant sur l'autre rive ; mais ses forces étaient à bout. Par bonheur, l'*alferez*, regardant de tous côtés, aperçut une lumière. Les voyageuses poussèrent leur monture dans cette direction et gagnèrent ainsi la hutte d'un batelier. Cet homme ne fut pas peu surpris de voir entrer chez lui, à pareille heure, deux visiteurs en si étrange équipage ; une pièce d'or le rendit complaisant et poli. Il jeta quelques morceaux de bois sur les charbons du *brasero*, fit chauffer un peu de vin qu'il avait, et vendit à l'*alferez* un vieux manteau dont la señora se couvrit de son mieux. Quand les habits furent séchés à peu près et que le cheval eut repris haleine, l'*alferez*, sentant qu'il n'y avait pas de temps à perdre, proposa à doña Maria de continuer la route. Au dire du batelier, ils se trouvaient sur le chemin de Cuzco, à six lieues environ de la ville. La señora fut ravie de l'apprendre ; une de ses tantes était la supérieure du couvent de Saint-Augustin, le plus considérable de Cuzco, et elle trouverait auprès d'elle un asile assuré et inviolable : on repartit donc, et, aux premières lueurs du matin, les fugitifs virent briller dans le lointain les toits et les clochers de la ville. À cette vue, l'*alferez* venait de pousser un cri de joie, quand tout à coup sa compagne, se serrant avec effroi contre lui : — Ah ! señor, murmura-t-elle d'une voix éteinte, je suis perdue ! — Le galop d'un cheval se faisait entendre, et don José, s'étant retourné, reconnut Chavarria dans le cavalier qui courait sur eux à toute bride. Résolu à sauver sa compagne, il serra le ceinturon qui l'attachait à lui et lança son cheval à sa plus grande allure. La vie n'était plus pour eux qu'une question de vitesse. Dès le premier coup d'œil, l'*alferez* avait remarqué que Chavarria montait un cheval dont la vigueur lui était connue, celui de Calderon. Le pauvre animal était fumant, harassé, couvert d'écume ; mais le sien aussi faiblissait, il portait un double poids, et don José savait qu'en plaine, sur une route facile, il ne pourrait lutter longtemps son seul moyen de salut était de se jeter dans un terrain inégal, semé d'obstacles, où son cheval suppléerait à la vitesse par l'adresse et le courage. Cependant il fuyait toujours :

c'était une étrange course que celle de ces deux cavaliers, dont l'un soutenait une femme pâle, mourante, échevelée, tandis que l'autre, penché sur la crinière, animant son cheval du geste et de la voix et gagnant du terrain, croyait enfin toucher à l'heure de la vengeance. Cuzco était à une demi-heure encore. Le théâtre de cette chasse était le penchant d'une colline couverte d'un épais maquis. Le chemin où couraient les deux cavaliers était, d'un côté, bordé d'une large tranchée, au-dessous de laquelle le terrain, jonché de ronces et de cailloux, descendait vers la ville par une pente rapide. Si son cheval eût été plus frais ou moins chargé ; l'*alferez* n'eût pas hésité à lui faire franchir la tranchée, si large qu'elle fût : mais les forces du pauvre animal pouvaient le trahir, et une chute les perdait. Cependant Chavarria se rapprochait de plus en plus ; il fallut prendre un parti : faisant brusquement tourner son cheval et l'enlevant avec cette résolution qu'un cavalier décidé communique presque toujours à sa monture, l'*alferez* franchit le fossé. Le cheval s'abattit sur le revers ; mais, soutenu par une main ferme, il se releva en trébuchant, et reprit sa course effrénée à travers les pierres et les ronces, sur une pente d'une effrayante déclivité. Quand don José se retourna, il vit que Chavarria changeait aussi de tactique. Arrêté sur le bord de la tranchée, l'alcade détachait l'espingole pendue à l'arçon de sa selle, et, ajustant les deux fugitifs, il fit feu. Dix balles vinrent siffler aux oreilles de doña Maria sans la blesser ; l'une des balles seulement effleura la croupe du cheval, qui bondit de douleur et repartit plus rapidement encore. Furieux de voir sa proie lui échapper, Chavarria s'élança à son tour vers la tranchée périlleuse ; mais, moins heureux que son adversaire, il glissa, s'abattit complètement, et, de loin, don José eut l'inexprimable satisfaction de le voir tomber et rouler dans la poussière.

L'*alferez* et doña Maria touchaient déjà aux portes de la ville ; les rues de Cuzco étaient désertes à cette heure matinale, et ils purent arriver sans fâcheuse rencontre au couvent de Saint-Augustin, situé sur la grande place. Catalina mit alors pied à terre, laissa dans la rue son cheval fumant, aida doña Maria à monter l'escalier, la conduisit jusqu'à sa tante, et, songeant qu'elle n'avait pas une minute à perdre, elle redescendit les marches quatre à quatre. Comme elle franchissait le seuil, elle se heurta rudement contre un homme qui entrait ; c'était Chavarria. Les mains et le visage en sang, les habits

Section V.

déchirés, le malheureux semblait ivre de fureur. L'*alferez*, tirant son épée, le força de reculer et déclara qu'il n'entrerait qu'en passant sur son cadavre. Sans répondre, l'alcade se mit en garde. Les deux adversaires, épuisés de fatigue l'un et l'autre, pouvant à peine se soutenir, croisèrent le fer et commencèrent le combat. Le galop des chevaux avait éveillé l'attention des voisins, le cliquetis des épées les attira aux fenêtres ; des curieux arrivèrent ; on allait sans doute séparer les combattants, lorsque trois nouveaux cavaliers débouchèrent sur la place. C'était le valet de Calderon avec deux domestiques de Chavarria qui de loin avaient suivi leur maître. Au même moment, l'*alferez* venait d'être blessé. Excité par la douleur, il pressait vivement son adversaire. Les deux domestiques vinrent au secours de l'alcade, le valet de Calderon se rangea du côté de don José. La mêlée devint générale. Pâle, l'œil en feu, les cheveux en désordre, Catalina avait oublié sa fatigue et retrouvé son énergie des grands jours. Après être restée longtemps sur la défensive, elle attaquait avec furie, et l'alcade, atteint au cœur, tomba. Le domestique de Calderon s'enfuit aussitôt, laissant le libérateur de doña Maria seul contre les deux autres. Appuyé contre le mur du couvent, l'*alferez* faisait face à toutes les attaques. En vain on essaya de séparer les combattants. Les alguazils survinrent enfin, et Catalina, qui refusait de se rendre, se débattant comme un tigre blessé au milieu des assaillants, allait succomber sans nul doute, lorsqu'un incident inespéré termina cette lutte inégale.

    La porte du palais épiscopal venait de s'ouvrir. L'évêque, accompagné de son secrétaire et suivi du domestique de Calderon, avait paru sur le seuil. La foule s'ouvrit devant lui, et le combat cessa. S'étant approché de Catalina, l'évêque lui ordonna de rendre son épée. — Monseigneur, répliqua l'*alferez*, j'ai trop d'ennemis. — Rendez vos armes, continua le prélat, et sur mon honneur je réponds de vous. L'*alferez* aussitôt jeta son épée, et les alguazils se préparèrent à le garrotter. Ils s'arrêtèrent sur un signe de l'évêque, qui, prenant le bras de don José, le conduisit à son palais. L'évêque de Cuzco, oncle de Calderon, si l'on s'en souvient, avait été mis en trois mots au fait de cette triste aventure par le domestique de son neveu, qui avait quitté le lieu du combat pour chercher ce puissant auxiliaire. Lorsque le prélat se trouva seul avec l'*alferez*, il le pria de lui conter les choses plus en détail, de lui dire qui il était, d'où il venait, ce qu'il faisait. La situation était grave, ajouta-t-il, Chavarria étant mort et Chavarria étant un alcade fort considéré. L'assassinat de Calderon, l'enlèvement de doña Maria, compliquaient singulièrement la situation. Cette affaire n'était pas de celles que l'on pouvait étouffer ; toute la ville la connaissait déjà. Il avait bien pu suspendre un instant l'action de la justice, mais non pas arrêter son cours. Son cœur saignait à penser que don José allait se trouver si gravement compromis par dévouement pour le malheureux Calderon, et cependant il ne voyait d'autre moyen de sortir de ce mauvais pas que de produire les bons antécédents de l'*alferez*, s'ils étaient bons, d'alléguer ses services, s'il avait rendu des services, et de chercher à faire oublier le crime par la générosité de l'intention.

Dès le début du combat, Catalina, on le sait, avait été blessée. C'était à la poitrine que le coup avait porté, et cette blessure la faisait horriblement souffrir. Elle sentait, tandis que l'évêque lui parlait, que le secours d'un chirurgien lui serait indispensable. Mise en demeure de s'expliquer sur ses antécédents, et redoutant les nouvelles qui pouvaient arriver de Tucumau, songeant que les soins nécessités par sa blessure pouvaient trahir un nouveau mensonge, affaiblie d'ailleurs, lasse peut-être de sa vie errante, n'ayant plus le courage de son rôle, Catalina résolut d'avouer à l'évêque toute la vérité. Se soulevant avec effort, elle se mit à genoux, et, joignant les mains :

— Monseigneur, lui dit-elle, je ne suis pas ce que vous croyez : je suis une femme !

La voix de Catalina s'était adoucie, son regard baissé avait changé tout à coup d'expression, une vive rougeur couvrait ses joues pâlies. Presque aussitôt ses forces l'abandonnèrent, et elle tomba sans connaissance sur le plancher. On devine quelle fut la stupéfaction du pauvre évêque. Il appela au secours ; ses chapelains accoururent. Transportée sur un lit, Catalina fut pansée par le plus habile barbier du voisinage. L'évêque, qui, sans être convaincu, ne savait trop que penser, avait donné ses instructions au barbier et avait exigé qu'on le laissât seul dans la chambre du malade. Son opération finie, celui-ci put garantir comme exact au prélat l'étrange aveu de l'aventurière. Quelle pouvait être cette femme ? que signifiait cette mascarade ? Le saint homme en

Section V.

perdait la tête. La blessure de Catalina était légère, c'était de repos surtout qu'elle avait besoin, et dès le lendemain elle put se lever. L'évêque la fit appeler et l'interrogea avec bonté. Catalina raconta toute son histoire, voilant, j'imagine, quelques détails. Elle dit son nom, sa famille, son entrée au couvent, son évasion, ses courses en Espagne, son embarquement, son naufrage, ses duels, ses voyages. Ce récit ne dura pas moins de trois heures. Le bon évêque l'écouta sans l'interrompre et presque sans respirer. Les coudes sur la table, la tête dans ses deux mains, les yeux fixes, il semblait pétrifié par la surprise. Quand fut finie cette bizarre confession, il leva les yeux au ciel avec une sorte d'épouvante comme pour implorer la miséricorde divine, et deux larmes coulèrent sur ses joues vénérables. Émue elle-même, Catalina résumait ainsi sa vie : « J'ai couru le pays, j'ai tué, j'ai blessé, j'ai trompé, j'ai volé, j'ai menti. » Elle ajouta, en baissant les yeux, qu'elle n'avait pas eu cependant tous les vices, et qu'au milieu de ses désordres elle était restée vierge comme au jour de sa naissance. Catalina insista sur ce point. « *Virgen intacta*, dit-elle, *como el dia en que naci.* » L'évêque la regarda avec une nouvelle stupéfaction que l'on comprend sans peine.

La révélation inattendue de Catalina avait complètement changé la situation. Si la justice civile pouvait encore poursuivre le meurtrier de Chavarria, l'église à son tour avait le droit de réclamer la religieuse. Ce fut le sujet d'une longue conversation entre le corrégidor, qui se laissa convaincre, et l'évêque, qui apprit aux autorités l'histoire de cette nonne, qu'il jugeait l'être le plus extraordinaire de son époque. Pendant ce temps, Catalina avait pris possession d'un appartement très convenable préparé pour elle par ordre de l'évêque. On lui avait servi une excellente collation, et elle déjeunait, après son long discours, du meilleur appétit. Durant les jours qui suivirent, elle parut écouter pieusement les exhortations du bon évêque, elle fit sa paix avec le ciel, reprit le costume de son sexe, et à peu de temps de là elle entrait au couvent de Sainte-Maire.

Quand vint l'heure de cette prise d'habit, quand la nonne métamorphosée sortit avec l'évêque du palais épiscopal, il ne resta pas un seul habitait dans les maisons de Cuzco. L'affluence était si grande, que le cortège avançait fort lentement au milieu de la foule ébahie ; on arriva cependant à la porte du couvent, car pour l'église il n'y fallut pas songer, elle était pleine de curieux. Les religieuses, des cierges à la main, étaient rangées sur deux lignes. S'agenouillant devant l'abbesse, la novice baisa respectueusement sa main, puis elle embrassa toutes ses compagnes, et toutes ses compagnes l'embrassèrent. La procession se rassembla dans le chœur, on y chanta les prières accoutumées, et la lourde porte du couvent se ferma sur la *monja alferez*. La nouvelle de cette conversion se répandit rapidement, et pendant une semaine on ne parla pas d'autre chose d'un bout à l'autre du Pérou.

Comment s'arrangea Catalina de cette réclusion nouvelle et quelle vie fut la sienne dans l'intérieur de ce couvent paisible, cela n'est pas très facile à dire. Si l'on en croit ses notes rapides et incomplètes, elle sut se faire aimer des religieuses et mérita, par une conduite exemplaire, la bienveillance de la supérieure. Pour mon compte, j'ai peine à me figurer notre *alferez* pudiquement voilé, un scapulaire au cou, vêtu d'une robe de laine blanche et égrenant avec dévotion son rosaire ; j'imagine plutôt que, charmée pendant quelques jours du bruit que faisait son aventure, ravie au fond du cœur d'un rôle important qui convenait à son amour-propre insatiable, Catalina commença de mourir d'ennui dès qu'on ne parla plus d'elle. Ce qui prouverait que je n'ai pas tort de penser ainsi, c'est que, cinq mois après, le bon évêque étant mort, elle parvint à se faire envoyer à Lima dans un couvent du même ordre, et, à Lima, elle obtint la permission de retourner en Espagne.

Le 1er novembre 1624, la *monja alferez* arrivait à Cadix. Elle avait repris, pour voyager, des habits d'homme, et cette précaution était fort nécessaire, car sa renommée avait traversé l'Atlantique avec elle, et son déguisement ne la dérobait pas toujours à la curiosité publique. Après quelques jours de repos, elle gagna Séville et Madrid. Là elle se présenta chez le comte d'Olivarez, pour qui elle avait une lettre. Son intention n'était pas de retourner au couvent ; le cloître ne convenait décidément pas à ses allures ; elle voulait au contraire solliciter une récompense, demander le prix de ses services militaires et s'assurer une existence indépendante. Au demeurant, la *monja* ne s'était pas enrichie dans le Nouveau-Monde. Le roi fut curieux de la voir ; il se la fit amener par le comte d'Olivarez, et paya royalement sa curiosité. Sur son ordre, il fut

Section V.

accordé à Catalina de Erauso une pension viagère de huit cents écus, et l'ordonnance, signée en août 1625, se trouve encore dans les archives de Séville, ainsi que plusieurs brevets et attestations délivrés par les officiers sous lesquels la nonne avait servi.

Les affaires temporelles réglées à son entière satisfaction, Catalina songea, sur le conseil de ses protecteurs, à mettre en paix sa conscience, qui, je m'obstine à le croire, ne la tourmentait guère. C'était l'année du grand jubilé. On l'engagea à faire le pèlerinage de Rome pour demander au Saint-Père la plus grande somme d'indulgences possible. Elle partit de Barcelone, toucha Gènes et gagna les états pontificaux. A Rome, elle eut l'honneur d'être admise en la présence de sa sainteté Urbain VIII, qui voulut entendre de la bouche même de Catalina le récit de ses aventures. Le souverain pontife lui accorda la permission de finir ses jours en habits d'homme ; il l'exhorta à mener désormais une vie retirée et honnête, à pratiquer l'oubli des injures et à se rappeler le commandement *non occides*. Cet événement fit du bruit à Rome comme en Amérique. Des princes, des cardinaux, des évêques, d'autres grands personnages encore, voulurent voir la *monja alferez*, et Catalina nous l'apprend avec complaisance. Toutes les portes s'ouvraient devant elle, et il ne se passait point de jour où elle ne fût conviée à la table de quelque grand seigneur. Catalina partit pour Naples, après six semaines de séjour à Rome. Un jour qu'elle se promenait sur le môle, elle s'aperçut qu'elle était la risée de deux demoiselles d'équivoque tournure, qui causaient avec deux matelots. L'une d'elles, la regardant effrontément, lui dit : « Señora Catalina, où allez-vous ainsi ! — La *monja*, comme on voit, était connue à Naples. — Mesdames les ribaudes, répliqua Catalina, je vais vous donner les étrivières, et c'est tout ce que vous valez.[1] »

Cette allocution singulière termine brusquement et d'une façon peu édifiante les mémoires de Catalina. Nous en sommes réduit désormais à des indications peu précises et à de plus vagues conjectures. Malgré de minutieuses recherches, il nous a été impossible de retrouver, pendant les dix années qui suivent, la moindre trace de l'aventurière. Sans doute elle revint en Espagne, à Saint-Sébastien peut-être, où sa renommée devait être plus

---

[1] Le texte est plus énergique : « *Señora p...a darles a ustedes cien piscozadas, y cien cuchilladas a quien las quisiere defender.*

grande qu'ailleurs, dépenser les huit cents écus annuels qu'elle devait à la libéralité de son souverain. En 1635, nous la retrouvons à la Coroña. L'ennui l'avait prise, et elle retournait au théâtre de sa gloire. Elle repassa en Amérique. Un religieux capucin, nommé Nicolas de la Renteria, qui se rendait au Mexique, fit la traversée avec elle, et donna quelques détails sur ce voyage dans une lettre qu'on a précieusement recueillie. Catalina était vêtue en homme et portait le nom de Antonio de Erauso. On mouilla devant la Vera-Cruz par une soirée sombre et orageuse. Malgré l'état de la mer, le commandant du navire voulut se rendre à terre le soir même, et il s'embarqua dans son canot avec plusieurs officiers et la *monja alferez*. On arriva sans accident au débarcadère et l'on gagna le meilleur hôtel de la ville. Là on s'aperçut que Catalina manquait à l'appel. On l'attendit, elle ne vint pas ; on l'appela vainement, on la chercha partout sans succès, jamais on n'entendit parler d'elle. Il va sans dire que cette disparition mystérieuse provoqua les suppositions les plus contradictoires. Catalina, éprise de la vie errante, s'était-elle enfuie de nouveau vers le désert ? et comment alors n'aurait-on pas découvert ses traces ? ou bien, dans l'obscurité, par cette nuit orageuse, s'était-elle noyée en débarquant sans qu'on s'en aperçût ? Cette opinion semble la plus raisonnable, et cependant on ne retrouva pas son cadavre dans le port. Un requin sans doute avait dévoré Catalina ; beaucoup de gens qui valaient mieux qu'elle n'ont pas eu d'autre sépulture. Au reste, la renommée de l'aventurière ne fit que gagner à une fin si étrange. On ne manqua pas d'y voir le doigt du démon, et il se trouva parmi les habitans de Vera-Cruz quelques bonnes âmes qui affirmèrent avoir positivement senti, ce soir-là, à cette même heure, une forte odeur de soufre, Catalina, dont on connaissait à merveille la condition réelle, n'était plus jeune ; le temps était passé des querelles, des rodomontades, des scènes de cape et d'épée. Elle allait devenir, sans nul doute, au pays même de ses exploits, une vieille ridée et fort ridicule ; grâce à cet heureux accident, elle finit par une apothéose. Sortir à propos de la vie, dit un grand historien, est une des conditions de la gloire.

Section V.

Section VI.

Maintenant qu'on a suivi Catalina du berceau à la tombe, il me reste, pour compléter ce récit, un dernier chapitre à écrire ; il s'agit, en un mot, de faire, si cela se peut dire, l'histoire de cette histoire. Non-seulement, je le répète, Catalina a vécu, non-seulement Catalina a écrit ses mémoires, mais elle a trouvé, chose rare, un consciencieux éditeur. L'écrivain espagnol dont le zèle louable a fait connaître cette curieuse relation, M. de Ferrer, éloigné de son pays par les événements politiques, habitait la France voici tantôt dix-sept ans. Il avait jadis entendu dire à un de ses amis, M. Bauza, ancien conservateur des archives de la marine à Madrid, qu'il existait dans ses cartons un curieux manuscrit, intitulé : *Vida y sucesos de la Monja alferez doña Catalina de* Araujo, *doncella natural de San-Sebastian, escrita por ella misma*. Ce manuscrit avait été copié sur l'original, qui est déposé dans la bibliothèque royale de Séville. M. de Ferrer n'avait d'abord vu qu'un conte dans le récit bizarre de cette femme, qui était de sa province ; aussi ne fut-il pas peu surpris lorsque, parcourant un jour de vénérables chroniques du temps de Philippe III, il trouva un long chapitre consacré aux hauts faits de l'héroïne de Saint-Sébastien. M. Bauza n'était plus aux archives de la marine, les troubles politiques l'avaient forcé aussi de quitter l'Espagne, il vivait à Londres. M. de Ferrer lui écrivit, et, sur les indications de l'ancien archiviste, il put se procurer une copie du manuscrit.

À la première lecture, une particularité du récit frappa désagréablement M. de Ferrer : c'était le nom même de l'héroïne, Araujo ou Arauso, qui était parfaitement inconnu dans sa province. Il imagina qu'il pouvait y avoir là une erreur de copiste, et que l'on avait pu écrire *Araujo* ou *Arauso* pour *Erauso*, nom qui appartient encore à l'une des familles les plus distinguées d'Urnieta. Cette conjecture se trouva bientôt confirmée. M. de Ferrer écrivit à Saint-Sébastien, et l'on parvint à découvrir, dans les registres de la paroisse de Saint-Vincent, l'extrait de baptême de Catalina de Erauso, et, dans ceux du couvent de Saint-Sébastien et *Antiguo*, des comptes qui établissent, à n'en pouvoir douter, que Catalina a habité le monastère jusqu'en 1607 ; on put s'assurer des sommes que sa famille payait chaque année pour son entretien ; on retrouva également les noms des religieuses que mentionne Catalina et en particulier ceux de ses trois sœurs. Enfin, dans les livres postérieurs à 1607, époque où l'aventurière s'échappa du couvent, on ne trouva plus trace de son existence.[1]

Ces indices excitèrent la curiosité de M. de Ferrer, et il voulut pousser plus loin ses investigations. Il fit faire de minutieuses recherches dans les archives d'Amérique, conservées à Séville. On y découvrit les certificats ou attestations des officiers sous les ordres desquels Catalina avait servi, la pétition qu'elle adressa au roi, la réponse qui lui fut faite, l'ordonnance par laquelle une pension annuelle lui fut accordée, et beaucoup de lettres que je crois inutile de rapporter après M. de Ferrer. Une découverte plus singulière encore vint bientôt dissiper tous les doutes du persistant éditeur et récompensa le bibliophile de ses investigations ingénieuses. En compulsant les dossiers relatifs à Catalina, M. de Ferrer avait appris que le portrait de la *monja* avait été fait par Francisco Crescenzi, à Rome, où, selon toute probabilité, il devait exister encore. On chercha ce portrait dans toutes les galeries romaines, ce fut en vain ; mais, au commencement de 1829, M. de Ferrer, étant allé visiter à Aix-la-Chapelle le musée de M. Shepeler, se trouva tout à coup en face d'un tableau représentant une femme en habit de guerre, et, au haut de la toile, il lut cette inscription écrite en lettres d'or, d'un demi-pouce de hauteur : *El alferez doña Catalina de Erauso, natural de San-Sebastian. Anno 1630.* Le portrait, signé Pacheco[2] et non pas Crescenzi, avait été acheté à Madrid. Dès-lors M. de Ferrer n'hésita plus : il publia pour lui et pour ses amis le manuscrit de Catalina. On était alors à la veille de la révolution de juillet, c'était mal choisir son temps. La tourmente politique emporta le malheureux livre, qui disparut aussi mystérieusement que l'héroïne dont il contait l'histoire. C'est à peine s'il fut entrevu par quelques rares amateurs, et il est passé maintenant à l'état de curiosité bibliographique.

[1] Les mémoires de Catalina, qui la font naître en 1585 et sortir du cloître en 1600, sont en désaccord avec les registres de sa paroisse et de son couvent, dont nous avons suivi les indications, et d'après lesquels, née en 1592, elle serait sortie du cloître en 1607.

[2] Deux peintres du nom de Pacheco ont illustré presque à la même époque l'école espagnole, Fr. Pacheco, le célèbre maître de Velasquez, et Christophe Pacheco, qui travaillait à Madrid pour le duc d'Albe. M. de Ferrer ne désigne pas l'auteur du portrait.

Section VI.

Les mémoires originaux de Catalina sont, je dois le dire, maladroitement écrits. C'est moins un récit que la matière d'un récit ; c'est un sec et court sommaire sans animation et sans vie. On sent que la main qui a tenu la plume s'était durcie sur le pommeau d'une épée, et je trouve dans l'inexpérience même du narrateur la meilleure garantie de sa véracité. Inventés, ces mémoires eussent été tout différents ; un écrivain eût fait mieux ou autrement. Le style de Catalina est rude, grossier, souvent obscur, et parfois d'une franchise intraduisible, qui frise le cynisme. À tout prendre, ce récit, quoique espagnol, est loin d'être orthodoxe. Un lecteur scrupuleux le trouverait-il même condamnable au point de vue de la morale, je n'en serais nullement surpris ; quantité de drôles ont été pendus qui valaient infiniment mieux, j'en conviens, que la *monja alferez*. Ses fautes, cependant, si graves qu'elles puissent être, n'inspirent pas le dégoût. C'est une nature sauvage, livrée à elle-même, qui n'a conscience ni du bien, ni du mal. Élevée jusqu'à quinze ans par des religieuses ignorantes, abandonnée depuis cette époque à tous les hasards de la vie errante, à tous les instincts d'une nature vulgaire, Catalina n'a pu apprendre d'autre morale que celle des grands chemins, des camps et des matelots. Elle ne sait évidemment pas ce qu'elle fait ; elle raconte elle-même, sans malice, sans forfanterie, sans jamais songer à s'excuser, des hauts faits passibles, au temps ou nous sommes, de la cour d'assises. Elle vole avec candeur, la digne femme, et elle tue avec naïveté. Pour elle, la mort d'un homme, c'est la moindre des choses. « Elle arrive dans telle ville, écrit-elle souvent (parlant d'elle-même à la troisième personne, comme César), et elle *en tue un, mata a uno.* » C'est un homme qu'elle veut dire, il s'agirait d'un lièvre qu'elle ne parlerait pas autrement ; mais, en définitive, pourquoi serions-nous plus sévères pour Catalina que le roi qui l'a récompensée et que le pape qui lui a donné l'absolution ?

Il va sans dire que M. de Ferrer ne publie pas le précieux manuscrit sans y joindre une longue, une très longue moralité. Il interpelle tour à tour dans sa préface, à propos de l'éducation de Catalina, de sa force musculaire et de son intelligence, les législateurs, les naturalistes et les philosophes. Aristote, Newton, Lope de Vega, Voltaire lui-même, sont mandés au conseil. « Doña Catalina, s'écrie-t-il en se résumant, est loin d'être un modèle à suivre ! » Je le crois bien. « Il est malheureux, ajoute-t-il, qu'elle n'ait pas autrement utilisé les fortes qualités dont la nature l'avait dotée. Qui peut dire si, mieux dirigée au couvent, elle ne serait pas devenue une autre sainte Thérèse ? si, tournée vers la politique ou l'éloquence, on n'aurait pas vu revivre en elle une autre Aspasie ? si l'enthousiasme patriotique n'aurait pas fait d'elle une autre Portia ? si l'amour des lettres ne l'aurait pas rendue l'égale de Mlle de Staël ? » — Ô Corinne !

Que M. de Ferrer nous le pardonne ; mais, si indulgent que nous soyons pour l'emphase espagnole, il nous est impossible de partager ici son enthousiasme. Nous croyons que cette pauvre Catalina a fait tout ce qu'elle pouvait faire pour mériter qu'on s'occupât d'elle, et son biographe nous paraît bien exigeant. Femme de lettres, à coup sûr, elle eût écrit de fort mauvais romans ; femme politique, elle eût aidé les harengères de la balle à pendre les vaincus à la lanterne. Si elle était restée chez elle à filer de la laine comme Lucrèce, ou à préparer le *puchero* comme une honnête Espagnole, elle aurait été désagréable épouse, mère méchante et détestable cuisinière. Enfin le rôle d'Aspasie allait mal à la figure de Catalina, bien qu'elle ne fût pas laide, s'il faut en croire le portrait que fait d'elle un historien espagnol, son contemporain. « Elle est grande, dit-il, pour une femme, sans avoir cependant la taille d'un bel homme. Elle n'a pas de gorge. De figure, elle n'est ni bien, ni mal. Ses yeux sont noirs, brillants et bien ouverts, ses traits altérés par les fatigues plus que par les années. Elle a les cheveux noirs, courts comme ceux d'un homme et pommadés selon la mode. Elle est vêtue à l'espagnole. Sa démarche est élégante, légère, et elle porte bien l'épée. Elle a l'air martial. Ses mains seules ont quelque chose de féminin dans leurs poses plus que dans leurs contours. Enfin sa lèvre supérieure est couverte d'un léger duvet brun qui, sans constituer précisément une moustache, n'en donne pas moins un aspect viril à sa physionomie. » Vous figurez-vous Aspasie avec cette moustache-là !

Si l'on voulait trouver absolument un sujet de comparaison, il serait, ce me semble, plus naturel de citer tout simplement le chevalier d'Éon ; encore le rapprochement entre ces deux existences amphibies, et l'on dirait volontiers monstrueuses, ne peut-il pas se poursuivre bien loin. Le chevalier d'Éon ne ressemble guère à l'aventurière espagnole, et la première différence, c'est qu'homme, s'il faut en croire ses biographes (bien que cela ne me paraisse pas indubitablement démontré), il fut condamné, par ordre supérieur, à être femme pendant la dernière moitié de sa vie, tandis que Catalina, femme, devint homme avec l'autorisation du pape. Capitaine de dragons et chevalier de Saint-Louis, diplomate par occasion, intrigant par goût et par nature, coureur de boudoirs par forfanterie, le chevalier d'Éon, homme de cour quand il le fallait et femme séduisante quand il était nécessaire, écrivain mordant et spirituel à ses heures, ne rappelle, sous aucune de ses métamorphoses notre ignorante religieuse, qui se contenta de rêver et de conquérir le renom d'un flibustier. Le parallèle peut cependant s'établir sur un point délicat et singulier. N'avez-vous pas souri quand cette nonne bizarre, après avoir tué, volé, et, je le crains, triché, après avoir toute sa vie couru les grands chemins, est venu parler aux évêques et au pape de ses vertus pudibondes ? Le chevalier d'Éon, après avoir fait grand bruit de ses bonnes fortunes, dont il tirait, à ce qu'on peut présumer, un fort mince parti, contraint à quarante ans de jouer le rôle d'une femme, prit son masque au sérieux et endossa avec l'habit toute la modestie du beau sexe. La pudeur vint rougir pour la première fois le front pâli de l'ex-capitaine de dragons, et il existe quelque part une lettre de la nouvelle *chevalière* à la supérieure de la maison de Saint-Denis, où elle expose, à la manière de Catalina, ses chastes prétentions.

C'est assez de rapprochements. L'histoire de ces êtres exceptionnels heureusement fort rares peut nous amuser un instant ; mais il convient de laisser en paix à leur sujet les législateurs, les naturalistes, les philosophes. M. de Ferrer n'aurait-il point pris la peine de démontrer avec tant de patience, preuves historiques en main, l'existence de la *monja alferez*, je ne m'en inquiéterais guère. À mon avis, si les mémoires de Catalina sont intéressants, fussent-ils apocryphes, j'ai eu raison de les tirer de l'oubli ; si, au contraire, ils sont ennuyeux, quoique authentiques, j'ai eu tort, et, avec la bonhomie des vieux auteurs espagnols que je me suis proposés aujourd'hui pour modèles, j'en demande bien pardon au lecteur.

ISBN : 978-1979189422

Printed in Great Britain
by Amazon